Saggi

MARIO MONTI

Demagonia

Dove porta la politica delle illusioni

SOLFERINO

SOLFERINO

www.solferinolibri.it

L’edizione digitale di questo libro è corredata
da link di approfondimento

ISBN 978-88-282-1450-2
Prima edizione: maggio 2024

Alla memoria di Giorgio Napolitano, il Presidente della Repubblica che nel pieno rispetto del Parlamento e con fermezza ha saputo condurre l'Italia fuori da una crisi senza precedenti.

A mia moglie Elsa, fonte di serenità e forza per tutta la vita. In lei e nei nostri figli Federica e Giovanni ho trovato comprensione e appoggio anche quando il mio impegno pubblico per le "future generazioni" italiane ed europee mi ha costretto a dedicare minori attenzioni a quelle che intanto crescevano nella nostra famiglia, fino ai nipoti Edoardo, Giovanni, Tommaso, Lavinia e Margherita.

1.
Berlino, 9 novembre 2011

«Scusi professore, è sicuro che questo sia il volo giusto per lei?», mi chiese con garbo uno sconosciuto mentre a Milano mi stavo imbarcando su un volo per Berlino. «Secondo i giornali» proseguì «lei oggi dovrebbe andare a Roma, non a Berlino.»

Invece andavo proprio a Berlino quel giorno. Era mercoledì 9 novembre 2011. Per Berlino, per la Germania e di riflesso per l'Europa, il 9 novembre non è un giorno qualunque.

Negli ultimi mesi della Prima guerra mondiale, l'imperatore Guglielmo II abdicò e lasciò la Germania in piena rivoluzione. In una stessa giornata, il 9 novembre 1918, venne dichiarata la Repubblica, ma due volte: al mattino, con l'annuncio ufficiale al Reichstag, nacque la «Repubblica di Weimar»; al pomeriggio i militanti comunisti proclamarono la «Libera Repubblica Socialista di Germania».

Nel 1923, sempre il 9 novembre, un uomo di nome

Adolf Hitler tentò un colpo di Stato a Monaco, per prendere il controllo della Baviera. Il tentativo fallì ed egli finì in prigione.

Il 9 novembre 1938, cinque anni dopo l'assunzione del potere sull'intera Germania proprio da parte di quell'uomo, nella «Notte dei cristalli» venne messo in scena il tragico primo atto dello sterminio degli ebrei.

Seguirà mezzo secolo denso, dapprima di eventi terribili per l'Europa e per il mondo, spesso scatenati dalla Germania, che ne avrebbe poi subite le conseguenze più pesanti, fino alla spaccatura del Paese in due parti, una di esse imprigionata nel blocco sovietico.

Venne poi una lunga stagione di rinascita, dalla quale erano però escluse le parti orientali sia della Germania sia di Berlino. Nel 1961 venne eretto un muro, che spaccava in due la città di Berlino e dava drammatica evidenza a quello strappo fisico e psicologico.

Ma nell'autunno del 1989, a seguito di manifestazioni popolari sempre più incalzanti partite da Lipsia, diffusesi in tutta la Germania orientale e culminate a Berlino Est, il muro cominciò a frantumarsi. Era il 9 novembre. Ovviamente, verrebbe da dire. Ma un 9 novembre fausto, per una volta.

Ebbene, quel 9 novembre 2011 non andavo a Berlino per commemorare qualcuno di quegli eventi. Ma pur sempre di commemorazione si trattava, quella di Ralf Dahrendorf, deceduto due anni prima.

Avevo ben conosciuto e molto ammirato questa figura di intellettuale profondamente europeo, cittadino tedesco poi naturalizzato britannico, membro del governo di Willy Brandt, poi commissario europeo e infine membro della Camera dei Lord. Uno spirito liberale permeato di genuina socialità.

Il convegno in sua memoria si teneva alla Hertie School. Ero invitato a discutere il tema «La crisi finanziaria nella zona euro». L'argomento era in quei mesi di grande attualità, addirittura bruciante per l'Italia: particolarmente in quella giornata, come sarebbe emerso al passare delle ore.

Mentre si svolgeva il nostro dibattito, giungeva notizia che lo spread (divario tra i tassi di interesse) tra titoli di Stato italiani e tedeschi, che era salito dai 215 punti di giugno ai 400 dei primi di novembre, si era impennato quel pomeriggio fino a 574 punti, un livello mai raggiunto.

Che cosa sarebbe successo l'indomani – giovedì – e poi venerdì, prima che si potesse tirare il fiato per la chiusura dei mercati? Il mondo finanziario, gli ambienti economici e politici, ma a quel punto anche i cittadini comuni, erano presi dal panico.

Analoghi timori, dall'epicentro Italia, stavano pervadendo l'intera Europa e i mercati globali. Il governo di Silvio Berlusconi, anche per le crescenti divisioni al suo interno, non appariva in grado di prendere con rapidità, benché ne avesse assunto l'impegno verso l'Unione europea, i drastici provvedimenti necessari a ristabilire la fiducia nell'Italia e nei suoi titoli di Stato.

Vi erano dubbi sempre maggiori sulla capacità del Tesoro di collocare in novembre e dicembre gli ingenti importi di titoli con cui rinnovare quelli in scadenza e finanziare il nuovo disavanzo. Lo spettro del default, con l'impossibilità per lo Stato di pagare gli stipendi dei dipendenti pubblici e le pensioni, stava diventando oggetto di conversazioni e, per molti, di incubi.

Anch'io ero sempre più preoccupato. Per l'Europa,

alla quale avevo dedicato una parte della mia vita, e per l'Italia, più che mai nell'occhio del ciclone.

Temevo soprattutto le conseguenze sociali e politiche che, come la recente esperienza greca insegnava, avrebbero potuto farci precipitare nel dissesto, con tensioni insostenibili, forse con spargimento di sangue.

Si aggiungeva in me, non posso negarlo, una preoccupazione più personale. Da qualche mese in modo sporadico, ma sempre più frequentemente nelle ultime settimane, i giornali italiani e poi quelli di altri Paesi menzionavano il mio nome tra quelli delle persone alle quali sarebbe stato verosimilmente chiesto di assumere responsabilità di governo, nel caso il governo in carica non fosse riuscito a disinnescare quella pericolosa spirale.

Al passare dei giorni, le «puntate» dei media si concentravano sempre più sulla mia persona. A questo doveva riferirsi quel signore dell'aeroporto. Ma se ciò fosse capitato, come avrei affrontato una situazione così grave, senza precedenti? Come mi sarei mosso, senza mai aver avuto alcuna esperienza nella politica italiana? E sarei riuscito o no, nella posizione che eventualmente mi sarebbe stata proposta, a contribuire alla soluzione della crisi finanziaria?

La cosa era nell'aria. Il moderatore del dibattito e direttore della Hertie School, Henrik Enderlein, dopo aver introdotto i miei due interlocutori – l'onorevole Sylvie Goulard, membro del Parlamento europeo, e il professor Fritz Scharpf del Max-Planck-Institut –, venendo a me si limitò a dire: «Stamattina ho pensato che sarei stato più contento se tu avessi confermato la tua venuta qui, ma più rassicurato se tu avessi cancellato, in quanto convocato a Roma...».

In quel vivace dibattito e più ancora nelle pressanti domande dei giornalisti che seguirono, colsi più che mai come l'Italia fosse ormai al centro della crisi, come tutte le ansie e le recriminazioni si stessero concentrando sul nostro Paese. Quel pomeriggio e nei giorni successivi le mie preoccupazioni si accrebbero.

In quella fredda e buia sera di novembre, tornando in albergo, vedevo tutto più oscuro che mai. Perfino il Gendarmenmarkt, la piazza più vivace di quella che era Berlino Est, mi sembrava nera e spenta.

Camminando, pensavo che stava crescendo di giorno in giorno il rischio che il nostro Paese stesse diventando davvero il ventre molle della zona euro, che potesse cadere in default, che l'ancora fragile unione monetaria non reggesse alle pressioni che ciò avrebbe sprigionato. Che forse tutto ciò avrebbe frantumato l'euro, con le conseguenze economiche, politiche, storiche che ne sarebbero derivate. E su questo disastro sarebbe stato affisso un marchio: «Made in Italy». Quello spread a 574 avrebbe magari causato un'altra lacerazione dell'Europa.

Forse stavamo vivendo, senza esserne ben consapevoli, un altro 9 novembre della serie infausta. Non, questa volta, la caduta del muro di Berlino che ha riunificato l'Europa, ma l'erezione di un muro invisibile attraverso l'Unione europea, che avrebbe separato i Paesi saldamente nell'euro da quelli «non più nell'euro». Già immaginavo i canti che si sarebbero levati in Germania e in altri Paesi del Nord Europa: «Noi l'avevamo detto!».

Mentre entravo nell'albergo, che ai tempi della Repubblica democratica tedesca si chiamava Grand Hotel Berlin e ospitava le delegazioni straniere, due pensieri dominavano la mia mente.

Chissà domani, mentre parteciperò al secondo giorno di questa bella conferenza, a quale ulteriore livello salirà lo spread impazzito? 600? 650? Dove si fermerà, quando, a che livello?

E a Roma? In che stato d'animo saranno il presidente del Consiglio Silvio Berlusconi, sempre più nel mirino delle critiche e della sfiducia in Italia e in Europa? E il presidente della Repubblica Giorgio Napolitano? Che cosa vorrà e potrà fare il Quirinale? Si sa che hanno a volte opinioni differenti, se non divergenti.

Ma in questa tempesta solo loro due possono trovare una soluzione, o almeno una via verso una soluzione. E devono farlo insieme.

Se crolla l'euro per responsabilità italiana, il Quirinale e Palazzo Chigi saranno entrambi macchiati, di fronte all'Europa e alla storia.

Verso le 19, mentre ero in albergo, squillò il mio cellulare. «Buonasera, è il Quirinale. Abbiamo il presidente Napolitano per il professor Monti.» Tra me e me mi chiesi se stessi vivendo un prolungamento del dibattito alla Hertie School o se invece fossi stato immesso di colpo nel mondo reale.

«Buonasera Mario, dove ti ho trovato?» «Buonasera presidente, sono a Berlino, per una conferenza su Dahrendorf.» «Volevo dirti» proseguì il presidente con un tono bonariamente ironico «che ho la mano stanca per aver firmato poco fa un decreto con il quale ti ho nominato senatore a vita...»

Rimasi senza fiato, poi misi insieme qualche parola per esprimere la mia riconoscenza per questa prova di grande stima. Tra l'altro, si trattava della prima nomina a senatore a vita effettuata dal presidente Napolitano, benché fosse già in carica da oltre cinque anni.

Napolitano proseguì: «Sono ora in attesa della controfirma del presidente del Consiglio Berlusconi. Il sottosegretario Gianni Letta, che glielo sta recapitando, mi ha detto che non prevede che Berlusconi crei difficoltà». Infatti in tempi brevi il decreto tornò al Quirinale con la controfirma.

«Quando rientri da Berlino?» chiese il presidente. «Domani sera, al termine della conferenza, ritorno a Milano.» «Ma io devo chiederti una cortesia: vorrei vederti domani qui al Quirinale.»

Non mi disse il motivo, ma in quel preciso momento ebbi la sensazione che non sempre le speculazioni giornalistiche sono infondate.

Assicurai al presidente che mi sarei immediatamente informato sui voli. Lo ringraziai di nuovo e ci congedammo.

Il comunicato ufficiale della nomina venne pubblicato dal Quirinale alle ore 20. Immediatamente ripreso dai media italiani e internazionali, molti vi lessero la prima indicazione concreta del percorso che il presidente della Repubblica intendeva seguire per affrontare quella drammatica crisi finanziaria.

Le conseguenze, per effetto delle aspettative, cominciarono a manifestarsi già il mattino successivo. Lo spread interruppe bruscamente la salita, anzi segnò una prima diminuzione. Dall'inizio del mese al 9 novembre, era salito in media di 21 punti al giorno. Dal 9 alla fine di novembre invece scese di 10 punti in media al giorno. Come pura ipotesi, se nulla fosse successo il 9 novembre e la tendenza dei primi nove giorni fosse proseguita in modo lineare (senza accelerare esponenzialmente), a fine novembre saremmo stati a quota 994. Il tasso di interesse sui Btp, che il 9 novembre era già del 7,47 per cento, sarebbe arrivato al 10,94 per cento. Il default sarebbe stato certo.

Dopo la telefonata del presidente Napolitano, il mio primo pensiero da senatore a vita fu un richiamo alla modestia, doveroso in un momento di soddisfazione. In meno di un'ora, infatti, avevo sbagliato due previsioni, forse tre: 1) non avrei partecipato alla seconda giornata della conferenza; 2) quello spaventoso 574 non sarebbe stato superato, né il giorno dopo né mai più; 3) la strategia dell'Italia per superare la crisi finanziaria l'avrebbero dovuta decidere non solo Giorgio Napolitano e Silvio Berlusconi, ma probabilmente anche una terza persona.

Una persona che quel giorno il capo dello Stato aveva scovato a Berlino per notificargli, con un attestato di stima, un foglio di leva.

In quelle ore era avvenuta una svolta; veniva improvvisamente sovvertita la linea alla quale, con scrupolo un po' testardo, mi ero sempre attenuto fino a sessantotto anni: stare lontano dalla politica. Ma forse devo riconoscere che proprio quella svolta, decisa da altri per me, ha dato alla mia vita, anche retrospettivamente, un senso compiuto che altrimenti non avrebbe avuto.

2.
Demagonia, fase suprema del populismo

1. *Agonia della democrazia, forse dei popoli*

Quella che stiamo attraversando è una stagione di choc continui, di crisi che si succedono l'una all'altra, ancora in cerca di una definizione univoca: molte formule hanno cercato di catturarne l'essenza, «età della rabbia», «scontento democratico», momento dei «sonnambuli», fino a quella meramente descrittiva di «policrisi».

Che le crisi siano molte – dalla pandemia alla guerra, all'inflazione – è un'ovvietà che non c'è bisogno di sottolineare. Ma da cittadino penso che il nucleo di queste crisi e la loro natura più preoccupante si possano condensare in quella che potremmo chiamare «demagonia»: una agonia delle democrazie che può portare addirittura all'agonia dei popoli.

Non dobbiamo rassegnarci a considerare irreversibile la demagonia, ma da essa è impossibile riprendersi senza cambiamenti urgenti, radicali e profondi.

Nel 2018, durante la presidenza di Donald Trump, ha avuto un certo successo un libro intitolato *Come muoiono le democrazie*, di Steven Levitsky e Daniel Ziblatt, che si apriva con una domanda: «La nostra democrazia è in pericolo?».

La risposta è ormai chiara da parecchio tempo. Freedom House, un think tank che si occupa di monitorare lo stato della democrazia nel mondo, sostiene che «in ogni regione del pianeta, la democrazia è sotto attacco da leader populisti e gruppi che rifiutano il pluralismo e chiedono poteri incontrollati per tutelare gli interessi dei loro sostenitori, di solito a spese di minoranze e dei loro nemici».

Come si è visto negli Stati Uniti il 6 gennaio 2021, con l'assalto al Parlamento dei sostenitori di Donald Trump convinti che le elezioni fossero truccate, anche nelle democrazie di più lungo corso il rischio di una degenerazione autoritaria è sempre presente.

L'età della demagonia però è qualcosa di diverso dalla mera riproposizione di schemi familiari nella storia. È un misto di scetticismo e passività, che si registra anche nei dati: in venti Paesi industrializzati dell'area Ocse, la percentuale di cittadini insoddisfatta di come funziona la democrazia si avvicina alla maggioranza, 48 per cento, e i giovani sono i più scoraggiati, nel 2021 soltanto il 37 per cento aveva fiducia nella democrazia, mentre tra gli over 50 la percentuale sale al 46 per cento.

In Italia questa demagonia si misura a ogni elezione, con l'aumento dell'astensionismo. Negli ultimi vent'anni, la partecipazione al voto è scesa dall'81 per cento del 2001 al 69 per cento registrato nel 2022.

Ogni anno l'Economist Intelligence Unit classifica 167 Paesi del mondo in base a quanto sono democratici. Nell'edizione 2024 del rapporto non ci sono buone notizie: soltanto l'8 per cento della popolazione mondiale vive in democrazie compiute, mentre il 39,4 vive sotto un governo autoritario, una percentuale in crescita rispetto al 36,9 del 2022.

L'unica regione dove non si registra un peggioramento è – per ora – l'Europa occidentale, che rimane l'area più democratica al mondo: il 71 per cento dei Paesi europei nell'indice dell'Economist sono democrazie compiute.

Per ogni altra regione l'indice dell'Economist registra peggioramenti, con la situazione più grave nell'Africa subsahariana.

A livello mondiale il punteggio riassuntivo che misura il grado di democrazia è soltanto 5,23, il livello più basso da quando si calcola l'indice, cioè dal 2006. Il declino è iniziato nel 2013, e i suoi effetti cominciano a farsi sentire.

Anche l'Europa occidentale, che pure resta l'ultimo bastione dell'ideale democratico, non è più così salda.

Nell'estate 2012 Sylvie Goulard e io pubblicavamo un libro (*La democrazia in Europa: guardare lontano*) sullo stato della democrazia in Europa, che sollevava alcune domande che, da allora, sono purtroppo divenute sempre più attuali nella stagione della demagonia: la crisi che stiamo attraversando deve essere considerata una crisi dell'Unione europea, sprovvista della legittimità democratica necessaria all'azione? O si tratta invece di una crisi degli Stati che la compongono, privati dell'autorità indispensabile all'azione? Oppure l'Europa e gli Stati membri sono in balia di fenomeni esogeni che vanno oltre la loro portata?

Dal momento che l'Unione economica e monetaria

poggia essenzialmente sugli Stati che ne sono membri e dipende spesso dalla loro buona volontà per poter agire, la responsabilità delle difficoltà attuali non può essere attribuita unicamente all'Europa. Pur avendo la stessa moneta, i Paesi dell'eurozona realizzano performance talmente contrastanti che ognuno di essi è tenuto ad assumersi la propria parte di responsabilità.

La diagnosi del libro del 2012, confermata dagli eventi successivi, era che si trattasse di una crisi multiforme: una crisi della democrazia in Europa, che rivela una debolezza congiunta degli Stati e dell'Unione, una crisi che intacca la legittimità delle decisioni e, al tempo stesso, l'autorità di coloro che le prendono, e, per finire, una crisi legata all'evoluzione della società – all'introduzione delle nuove tecnologie così come alla globalizzazione –, di cui i nostri regimi politici si sono dimostrati incapaci di comprendere la portata.

Una parte delle difficoltà dipende dal fatto che gli Stati membri e l'Unione europea formano un tutt'uno che solo di rado viene percepito come tale. Il condominio si deteriora perché tra gli inquilini c'è qualcuno che ha trascurato la manutenzione del proprio appartamento e non ha avuto cura delle parti comuni.

Malgrado gli sforzi, dopo la crisi dell'euro dello scorso decennio e in risposta alla pandemia da Covid-19 e all'invasione dell'Ucraina più di recente, la situazione dell'Europa rimane critica. La recessione minaccia alcune delle principali economie, a cominciare dalla Germania, e rischia di propagarsi all'economia mondiale.

Nel momento stesso in cui sarebbe necessario puntare sulla sovranità condivisa, un gran numero di Stati membri si rifiuta di farlo o vi si risolve per necessità, ma sempre a malincuore e al prezzo di pesanti recriminazioni.

Divisi tra istinto e ragione, tra dissenso e solidarietà, gli europei faticano a immaginare il futuro. La difesa di vantaggi immediati o di posizioni di principio finisce spesso per prevalere sull'analisi razionale degli interessi collettivi.

Nessuno può prevedere che passo prenderà la vicenda europea: alcuni arretramenti potrebbero essere provvisori, alcuni progressi precari, o al contrario decisivi, innescando così nuove dinamiche.

Qualora il processo di integrazione dovesse arrestarsi, gli europei andrebbero incontro a un futuro ben più fosco.

È l'analisi obiettiva dei nostri interessi – e non un generico idealismo – che ci spinge a interrogarci sulla democrazia in Europa.

La crisi politica, determinata dalle derive degli Stati-nazione e dell'organizzazione del mondo, è ormai «sistemica». Come sosteneva Alexis de Tocqueville, «a un mondo completamente nuovo occorre una nuova scienza politica».

La storia ci ha già insegnato quanto sia precario l'ordine vestfaliano instaurato nel 1648, al termine della guerra dei Trent'anni, e fondato sull'equilibrio tra le potenze.

I Paesi più forti tendono ad abusare della propria supremazia, i più deboli si trovano assegnati a «zone d'influenza» che, alimentando le rivalità, scatenano i conflitti. La storia degli ultimi due secoli ha già dimostrato che gli Stati sovrani, se vengono lasciati a se stessi, il più delle volte si rivelano incapaci di agire per il bene comune, quando non si dilaniano a vicenda.

Chi vagheggia un ritorno delle nazioni come protagoniste uniche della politica internazionale è offuscato dalla nostalgia. Il fallimento del progetto europeo avrebbe, tra l'altro, l'effetto di screditare agli occhi del mondo, e con ogni probabilità per lungo tempo, tutti gli Stati che vi hanno partecipato.

Coloro che, nel corso della storia, si sono ritrovati a vivere in un periodo di transizione, hanno spesso creduto che il loro piccolo mondo fosse destinato a durare.

Questo genere di accecamento è del tutto umano. Un alto funzionario dell'Impero romano, Claudio Rutilio Namaziano, scriveva nel 417 d.C., rivolgendosi a una Roma sconvolta dalle invasioni barbariche: «Tu, che abbracci il mondo con trionfi che portano leggi e fai che tutto viva sotto un comune patto [...] Né gli altri secoli prossimi potranno mai mettere capo a un termine finché saranno salde le terre e in cielo gli astri. È ciò che guasta gli altri regni a rinforzarti: rinasci perché dai tuoi doni sai trarre forza e crescita». Noi conosciamo l'epilogo, che Namaziano non riusciva nemmeno a concepire: la caduta di Roma.

Pochi osservatori sono stati così acuti da riuscire a mettere nella giusta prospettiva storica gli eventi della loro contemporaneità. Il genio di Alexis de Tocqueville, condensato nei saggi scritti tra il 1835 e il 1840 e raccolti nel suo celebre *La democrazia in America*, consisteva per l'appunto nel comprendere che il mondo aristocratico dal quale proveniva era votato alla scomparsa. Invece di bendarsi gli occhi, si è elevato al di sopra del proprio tempo: «Mi sono sforzato di vedere, non già diversamente, ma più lontano dei vari partiti; e, mentre essi si occupano del domani, io ho voluto pensare all'avvenire».

Secondo Tocqueville, la tendenza predominante delle nostre società è la marcia verso la democrazia, verso ciò che lui chiama «l'eguaglianza delle condizioni». Nel 1835, la fa risalire addirittura a settecento anni prima, sottolineandone la forza: «È dunque saggio pensare che un movimento sociale che ha origini così lontane possa essere arrestato dagli sforzi di una generazione? È possibile che la democrazia, dopo aver distrutto la feudalità e vinto i re, si arresti di fronte ai borghesi e ai ricchi?».

Quest'onda secolare, tenace, non ha forse sulla costruzione dell'unità europea un impatto che potremmo aver sottovalutato? Perché non tentiamo anche noi di guardare lontano, al di là dei limiti e dei pregiudizi del nostro tempo?

Ciò si rende tanto più necessario alla luce del fatto che le nuove tecnologie rafforzano la domanda e, insieme, l'offerta potenziale di uguaglianza (se non fosse per una fitta rete di barriere e privilegi che ne limitano l'effettiva fruizione): mai prima d'ora, nella storia dell'umanità, l'accesso alla conoscenza è stato così esteso.

Mai come ora gli esseri umani hanno avuto a disposizione una rete di scambi che trascenda a tal punto le classi sociali e la distanza geografica. L'autorità e le gerarchie vengono messe in discussione. Le appartenenze tradizionali – a partiti, a patrie, a Chiese – si dissolvono.

Tutti i regimi politici faticano a trarre le conseguenze, ma in Europa questo appare tanto più evidente in quanto l'Unione europea sta attraversando una fase di transizione.

Sul proprio tempo Tocqueville esprime un giudizio non molto diverso: «Così abbiamo abbandonato tutto quello che vi poteva esser di buono nel vecchio stato senza acquistare quello che lo stato attuale poteva offrire di utile; [...] fermandoci compiacentemente in mezzo alle rovine dell'antico edificio, crediamo di poterci rimanere per sempre».

L'attaccamento all'«antico edificio» è comprensibile. È nell'ambito dello Stato-nazione che sono state realizzate le nostre conquiste più importanti, dalla democrazia ai diritti dell'uomo.

E tuttavia oggi gli europei, viziati dal lungo periodo di pace dopo la Seconda guerra mondiale, tendono a dimenticare i guasti del nazionalismo – quei guasti che nel 1995 l'ex presidente francese François Mitterrand, nel suo discorso di addio al Parlamento europeo, invitava a tenere a mente con la sua ben nota sintesi: «Il nazionalismo è la guerra».

Nessuna generazione dovrebbe mai dare per scontato un determinato momento storico, soprattutto quando, rispetto a quelle che l'hanno preceduta, gode di un privilegio.

Ci è stato ricordato il 24 febbraio 2022, quando, vent'anni dopo la tragedia dell'ex Jugoslavia, la guerra è tornata in Europa con l'invasione dell'Ucraina da parte dell'esercito russo.

Così come Tocqueville si è applicato a perpetuare le virtù dell'aristocrazia nella democrazia che a essa è subentrata, noi dovremmo senz'altro anteporre la democrazia all'entità politica entro la quale quest'ultima si è finora sviluppata: lo Stato-nazione. Altri, prima di noi e nel loro tempo, hanno saputo portare felicemente a termine mutamenti capitali.

Nell'esperienza degli Stati Uniti, Paese giovane e rivolto al futuro, Tocqueville cercava la conferma a intuizioni più generali applicabili anche al contesto europeo.

Quando abbiamo pubblicato il nostro libro nel 2012 – Sylvie Goulard e io – gli Stati Uniti erano ancora un possibile modello per una evoluzione dell'Unione europea verso una forma federale più compiuta.

Dopo la vittoria di Donald Trump e la sua permanenza sulla scena politica nonostante l'assalto al Campidoglio dei suoi sostenitori nel 2021, anche la democrazia americana e le sue istituzioni sembrano contagiate dal virus della demagonia.

Il politologo Francis Fukuyama ha ben riassunto la sua diagnosi sui problemi della democrazia americana in un editoriale sul «Financial Times»: «La decadenza politica avviene quando le istituzioni di una società non riescono a adattarsi a circostanze che cambiano».

Questo processo, secondo Fukuyama, è in corso negli Stati Uniti da almeno una generazione e ora sta arrivando alle sue estreme conseguenze: «Il sistema americano è costruito intorno a un complesso insieme di pesi e contrappesi che, in politica, permettono alle minoranze di sovrastare la volontà della maggioranza. Ma quando queste istituzioni si confrontano con una polarizzazione politica estrema, si arriva alla paralisi governativa e all'incapacità di adempiere anche alle funzioni più basilari come l'approvazione del bilancio».

Anche la democrazia britannica, un altro dei punti di riferimento e un modello in Europa, è stata offuscata dalle spinte che hanno portato prima al referendum sulla Brexit nel 2016 e poi alla confusa gestione dell'uscita dall'Unione e di quel che ne è seguito.

2. *Establishment e populismo*

Nel mondo occidentale abbiamo conosciuto una rapida ascesa del populismo, con movimenti e partiti che promettevano di offrire politiche radicali negli interessi della gente come alternativa a quelle che, secondo loro, beneficiavano soltanto le élite.

A metà degli anni Novanta, durante il mio primo mandato da commissario europeo, avevo notato con una certa preoccupazione certe dinamiche che nel lungo periodo avrebbero potuto portare a esiti infausti, come purtroppo è poi accaduto.

In quella fase decisiva del processo di globalizzazione era inevitabile che mercati sempre più integrati avrebbero cambiato la natura del capitalismo e delle società intorno a esso costruite.

La domanda che ponevo all'epoca era quale capitalismo questa integrazione ineluttabile avrebbe determinato. Vedevo sia elementi di conforto sia alcuni dubbi negli scenari che in quella fine di secolo si delineavano.

Chi credeva che l'integrazione fosse il più forte fattore di modernizzazione – per l'Europa e per l'Italia – traeva evidentemente conforto dalla fiducia nel fatto che l'integrazione sarebbe proseguita in modo ineluttabile.

Però a me venivano anche dubbi: siamo sicuri che l'integrazione globale ed europea continuerà senza limite, sospinta dalla tecnologia e dall'ideologia, che sono state entrambe a esse favorevoli in questi anni, o anche in questo ci saranno cicli?, mi chiedevo.

È possibile che ci sia un ciclo, un ritorno del pendolo, non subito, ma nel giro di dieci, venti anni? Sarebbe molto preoccupante, in particolare per l'Italia.

All'epoca – rievoco qui osservazioni a un convegno del 1996 della Fondazione Amici di Liberal, più sviluppate in un libro-intervista con Federico Rampini (*Intervista sull'Italia in Europa*) –, vedevo un fattore possibile di rigetto a lungo andare della persistente integrazione internazionale: la distribuzione del reddito e della ricchezza.

C'è un nesso positivo tra integrazione e distribuzione: l'integrazione redistribuisce a favore dei Paesi in via di sviluppo; anche nel mondo industriale, anche nell'Unione europea, c'è un beneficio netto da integrazione mondiale. Ma il problema si pone a livello di ognuno dei nostri Paesi.

L'integrazione giova, ma determina vincenti e perdenti. Perdenti come effetto della distribuzione tra occupati e disoccupati, tra lavoratori dipendenti e altri, tra fasce di reddito.

Alla lunga, l'accettazione dell'integrazione che determina queste conseguenze può esserci solo se gli Stati compensano almeno in parte i perdenti. Certo il settore privato sociale può avere un ruolo sempre maggiore nell'esercizio della solidarietà, ma credo che un ruolo per il settore pubblico resterà.

In passato abbiamo avuto in economie più chiuse la netta prevalenza della distribuzione sull'allocazione, poi siamo passati a una fase, quella iniziata negli anni Novanta, in cui l'allocazione con l'integrazione e l'apertura prevale senz'altro sull'esigenza distributiva. Ma possono i settori pubblici compensare in qualche misura i perdenti e quindi mantenere il consenso all'integrazione crescente?, mi chiedevo trent'anni fa.

Il problema è che il processo dell'integrazione ha tolto agli Stati alcune possibilità di intervento, per esempio sulla redistribuzione, e giustamente, io credo.

Il Trattato di Maastricht del 1992 ha privato gli Stati membri della possibilità possibilità di redistribuire attraverso i prezzi politici, in quanto ha imposto un certo grado di concorrenza; ha tolto la possibilità di redistribuire attraverso il non volontario concorso delle generazioni future, perché ha posto limiti al disavanzo; però ha lasciato aperta una strada, quella della solidarietà attraverso spesa pubblica coperta da tassazione, ma l'integrazione pone di fatto dei limiti al controllo sulla tassazione da parte dei singoli Stati.

La concorrenza fiscale tra Stati ha i suoi pregi e ha indotto a controllare meglio la spesa pubblica, ma occorre distinguere tra concorrenza fiscale *fair* e *unfair* tra Stati e va vista con preoccupazione la asimmetria della concorrenza fiscale che determina un aggravamento della posizione del lavoro nei prezzi relativi (che concorre in proprio all'aumento della disoccupazione).

L'incapacità degli Stati – Italia inclusa – di perseguire politiche di redistribuzione – compatibili con i nuovi vincoli – che indennizzassero i soggetti colpiti dalle conseguenze negative dell'integrazione ha alimentato una ostilità crescente.

Negli anni della crisi dei debiti pubblici tra 2009 e 2012, quando il vincolo esterno si è fatto più stringente e le possibilità redistributive ancora minori (o addirittura, come in Italia, è arrivato il momento dei sacrifici), quella rabbia si è scaricata contro il simbolo dell'integrazione più prossimo, cioè l'euro e l'intera Unione europea.

Nella fase successiva, quella attuale della demagonia, la rabbia è arrivata a travolgere il contesto stesso nel quale sarebbe dovuta maturare la redistribuzione per garantire maggiore equità dopo l'integrazione, cioè la democrazia liberale.

Nel 2012, da presidente del Consiglio italiano e perciò membro del Consiglio europeo, avevo proposto all'allora presidente del Consiglio europeo Herman Van Rompuy di organizzare una riunione ad hoc, di riflessione, per discutere delle pulsioni che già all'epoca sembravano minacciare l'Unione e che puntavano, in alcuni casi, in modo esplicito alla sua disgregazione.

L'idea piacque a Van Rompuy, che ne parlò in primo luogo ad Angela Merkel, a quel tempo figura dominante del Consiglio europeo. La cancelliera tedesca mi telefonò e mi disse che, pur ritenendo anche lei importante quel tema, in quella fase in cui era ancora aperta per alcuni Stati membri la crisi finanziaria – Grecia in primis – riteneva preferibile un approccio più pragmatico, trattando ciascuna crisi come caso a sé stante, senza discutere la traiettoria complessiva del progetto europeo. Fu un errore. Qualche anno dopo era già troppo tardi per porsi la domanda se il populismo fosse un problema serio o meno per la Ue.

Si trattò di uno dei tanti casi in cui la costruzione europea ha sofferto per la coesistenza di due elementi: l'asimmetria del potere effettivo e una diffidenza reciproca molto lenta a dissolversi.

La Germania cerca di eludere riflessioni di sistema sul funzionamento della Ue, o dell'eurozona, perché è convinta che, quando l'insieme non funziona bene, la responsabilità stia nelle lacune delle politiche praticate dai singoli Paesi (gli altri, solitamente). Se questi ultimi facessero i loro «compiti a casa», tutto funzionerebbe bene.

Teme, Berlino, che gli altri siano alla ricerca di alibi: critica l'insieme perché non vogliono fare sacrifici, economici o politici, a casa loro. E spesso non ha torto. A loro volta gli altri rimandano la palla delle responsabilità, spesso infuocata, alla Germania. Se anch'essa facesse certi compiti a casa e fosse disposta a riconoscere un po' di più gli «effetti di composizione» – il tutto ha un comportamento che può essere diverso dalla somma delle singole parti – l'Europa avrebbe migliori risultati. E anch'essi, spesso, non hanno torto.

Operando a Bruxelles e poi a Roma, ho sempre cercato di spingere la Germania a essere più «europea» – imponendoglielo, quando esercitavo i poteri della Commissione – e gli altri (in particolare l'Italia, quando ne ho guidato il governo) a essere più in regola con le direttive e le raccomandazioni europee, non solo perché di solito esse sono a lungo andare nell'interesse del Paese, ma anche per avere più leva – magari con l'alleanza della Francia – per indurre la Germania a cambiare posizione. Cosa mai facile, ma non sempre impossibile, come si è visto nella fase risolutiva della crisi dell'eurozona, di cui diremo.

Tornando al populismo, è il 2016 l'anno che ha segnato un prima e un dopo: con la scelta degli elettori britannici per l'uscita dall'Unione europea e di quelli americani per Donald Trump come presidente.

I populisti hanno avuto la loro occasione di cimentarsi con il governo, negli Stati Uniti, in Italia, in Gran Bretagna, ma non sono riusciti a mantenere le promesse.

Donald Trump è stato sconfitto da Joe Biden nel 2020, nessuna delle promesse fatte dai Brexiteers in Gran Bretagna è stata finora mantenuta, i politici che hanno cavalcato il populismo antieuropeo hanno perso rapidamente credibilità, prima David Cameron, poi Theresa May, Boris Johnson e infine Liz Truss, durata pochi giorni.

Anche in Italia la stagione del populismo è durata relativamente poco, con un solo governo – quello del Movimento cinque stelle e della Lega, presieduto da Giuseppe Conte (2018-2019) – che ha tentato di introdurre una linea populista e sovranista. Quel governo, il Conte I, ha resistito poco più di un anno.

Eppure, quella che poteva sembrare una parentesi di voto di protesta e di politiche tanto spericolate quanto inconcludenti non si è davvero richiusa, come dimostra il ritorno degli stessi protagonisti di quella stagione, Donald Trump negli Stati Uniti e un rigenerato David Cameron come ministro degli Esteri di una Gran Bretagna sempre più isolata e scontenta, ma forse non davvero pentita della rottura con l'Unione europea.

L'«Economist» parla dell'ascesa di un «conservatorismo nazionale» molto diverso da quello tradizionale: se Ronald Reagan e Margaret Thatcher si presentavano come i campioni di un capitalismo occidentale e una società aperta disposta a sacrificare diritti e uguaglianza in nome della crescita, i «conservatori nazionali» sono pessimisti, rassegnati ad amministrare un declino che attribuiscono ai troppi diritti, alla troppa apertura internazionale, alla troppa democrazia.

La stagione del populismo sta evolvendo in qualcosa di diverso, e di più preoccupante. Sia perché i partiti in teoria non populisti hanno fatto proprie molte delle campagne e delle bandiere dei populisti, dall'uso strumentale delle paure sull'immigrazione alla resistenza alla transizione ecologica, sia perché, durante la fase populista, gli elettori sono cambiati.

L'ostilità verso i partiti tradizionali si è trasformata come veleno in ostilità verso la democrazia e dalla demagogia siamo passati alla demagonia, dalla crisi *nel* sistema a quella *del* sistema.

La differenza è che oggi non sono più sotto attacco i partiti o i politici tradizionali, ma l'assetto di regole, garanzie e vincoli nel quale questi operano. Quello, appunto, della democrazia liberale.

L'agonia delle democrazie si misura su un fronte interno, con il progressivo abbandono da parte dei cittadini anche delle più elementari forme di partecipazione, come il voto, e si misura anche sul fronte esterno, dove le democrazie liberali sono sempre più insidiate dalla concorrenza di autocrazie.

Le evidenze aneddotiche non mancano, da certe punte di radicalizzazione del partito Repubblicano negli Stati Uniti, all'ascesa di Alternative für Deutschland in Germania, ormai non più timorosa di ostentare pulsioni autoritarie e i suoi progetti di pulizia etnica, fino all'emersione di forme di partecipazione e protesta non strutturate come nell'occupazione di Capitol Hill nel 2021.

La tendenza generale è quella di attribuire sbrigativamente la responsabilità del ritirarsi dai valori democratici, di questa demagonia, soltanto agli elettori, come se fossero loro a determinare una involuzione delle nostre società verso forme di governo potenzialmente autoritario che pensavamo di aver cancellato per sempre.

Pur senza fare sconti ai leader irresponsabili che cavalcano queste pulsioni antidemocratiche, io mi sono convinto – nella mia esperienza di governo e negli anni successivi – che la responsabilità della demagonia vada cercata soprattutto nell'atteggiamento dei governi e dei loro componenti. In senso più generale, forse potrei dire che le colpe della demagonia sono soprattutto di quello che usa definirsi establishment.

Se guardiamo all'Italia, ma il ragionamento si può estendere anche al resto d'Europa, la demagonia si alimenta della frustrazione degli elettori per governi forti a parole ma deboli nell'azione, sempre intenti a giustificare i propri insuccessi con qualche insuperabile limite di sistema. La legge elettorale, il bicameralismo troppo farraginoso, le richieste dell'Unione europea, gli insuccessi dei governi passati.

Se i partiti con lunghe tradizioni di centrodestra e di centrosinistra, quelli che dovrebbero essere più inseriti e convinti dell'assetto democratico nazionale ed europeo, passano il tempo a criticarlo e a usarlo come parafulmine per la loro scarsa efficacia, ci possiamo davvero stupire se alla fine gli elettori iniziano a rassegnarsi al veleno della demagonia?

A sentire i nuovi proclami stentorei di difesa della nazione e dei suoi interessi, che dominano quest'ultima stagione politica in Italia, viene quasi da mettersi sull'attenti, perché Nazione e Patria sono concetti ancora più impegnativi di quello di Paese.

Ma poi, quando si guarda all'azione che segue quei proclami, si nota una notevole continuità con alcune pratiche deteriori di governi molli e arrendevoli nell'esigere il rispetto dello Stato da parte dei cittadini, per esempio in materia fiscale. Con l'idea, cioè, che le elezioni siano soprattutto una competizione per stabilire chi conquista il diritto di usare le risorse dello Stato per compiacere la propria base di riferimento.

Per usare la dicotomia amata da populisti e sovranisti, è l'élite al potere, non il popolo (o la «nazione»), ad aver affermato l'idea che lo Stato è in svendita, che le sue risorse sono il bottino che spetta alla fazione vincente, pronta a distribuirne i resti tra i propri sostenitori. Anche l'attuale élite di governo si è dimostrata in perfetta continuità su questo.

Se la democrazia pare riuscire a produrre soltanto l'alternanza delle maggioranze in Parlamento ma non un governo efficace, capace di incidere sui problemi sperimentati dagli elettori, non possiamo stupirci che alla disillusione per i demagoghi subentri la crisi di fiducia nel sistema democratico in quanto tale, la demagonia.

Questo processo non è irreversibile, ma per rinsaldare il rapporto tra cittadini e istituzioni e per rifondare una relazione di fiducia, serve un ingrediente quasi introvabile: occorrono politici disposti al rischio di diventare impopolari, perfino a non essere rieletti, perché sufficientemente consapevoli dell'interesse generale da essere capaci di anteporlo a quello personale, e al prosieguo della loro carriera. Politici che si battano per convincere gli elettori della necessità di provvedimenti seri e necessari, benché impopolari.

Nessuna delle grandi sfide di questa fase è gestibile con l'approccio arrendevole che hanno tenuto in questi anni i governi, in Italia e nel resto d'Europa.

È impossibile garantire la sicurezza tra le nuove incertezze geopolitiche o guidare la transizione ecologica se il potere viene usato soltanto per inseguire consenso immediato. E se lo Stato è trattato come un mero strumento per ottenere le risorse necessarie per acquisire voti.

Ogni ambizione significativa richiede uno Stato funzionante, che abbia le risorse per perseguire i propri obiettivi e i poteri per arginare gli interessi particolari che provano ad affermarsi a scapito di quello generale.

3. *L'accondiscendenza*

Nel 2010, nella sua relazione da rettore della Bocconi Guido Tabellini osservava che le democrazie – inclusa quella italiana – possono assestarsi in un «equilibrio inefficiente», cioè in una situazione in cui «gli incentivi individuali e le aspettative circa i comportamenti altrui sono allineati e spingono i singoli ad agire in modo controproducente per la collettività».

L'illegalità diffusa – spiegava Tabellini – «riduce l'efficacia della giustizia e la probabilità di essere sanzionati, alimentando la convenienza di condotte illecite; l'evasione fiscale è un cuscinetto che permette di mantenere situazioni di inefficienza ed eccessiva frammentazione della struttura produttiva, riducendo la competitività sui mercati aperti; la prevalenza della fedeltà rispetto al merito fa fuggire le persone di talento».

Non per questo bisogna rassegnarsi, visto che esistono alternative all'equilibrio inefficiente. C'è la possibilità di assestarsi anche su un equilibrio migliore, in cui al singolo conviene rispettare le regole perché tutti gli altri lo fanno.

Cito ancora Tabellini: «Per passare dall'equilibrio cattivo a quello buono, deve esservi una trasformazione collettiva, che induca un numero sufficientemente ampio di individui a cambiare il loro comportamento. Tipicamente questa trasformazione si accompagna a mutamenti negli atteggiamenti culturali, nelle norme sociali, a lungo andare anche nei valori».

Se guardiamo come si è evoluto il dibattito italiano in politica economica, la degenerazione verso la demagonia è subito evidente.

Negli ultimi trent'anni si è affermata trasversalmente tra schieramenti e partiti l'idea che tra gli obiettivi primari dell'azione di governo ci sia quello di ridurre sempre e comunque, e per tutti, la pressione fiscale, quasi si volesse privare lo Stato di uno dei suoi strumenti più potenti.

In ogni campagna elettorale si promettono riduzioni – o rimodulazioni al ribasso – delle imposte per chi ancora le paga e condoni o paci fiscali per chi le ha evase: promesse conseguenti alla scelta di presentare agli elettori le tasse come sempre troppo alte e dunque l'evasione fiscale come una tattica di sopravvivenza, o addirittura la riscossione dei tributi come la richiesta di un «pizzo di Stato».

Già in un libro del 1992, alla vigilia del passaggio dalla Prima alla Seconda Repubblica, avevo riassunto la mia spassionata diagnosi sul rapporto tra i governi italiani, la questione fiscale e la politica monetaria. In uno dei primissimi articoli scritti (con emozione!) per il «Corriere della Sera», sostenevo che i soggetti politici prendono le decisioni sulla spesa pubblica anche sulla base dei benefici politici che da essa si attendono al netto dei costi politici che derivano dal reperimento dei mezzi necessari per sostenere la spesa.

Questi costi sono ben diversi a seconda che i mezzi per nuove spese vengano reperiti mediante il taglio di altre spese, mediante maggiori imposte, o mediante indebitamento.

In caso di indebitamento – la soluzione di gran lunga preferita da tutti i governi di ogni colore, se vincoli costituzionali o europei non la rendessero più difficile – i costi politici sono diversi a seconda che si tratti di indebitamento in mercati privati o tramite altri sistemi, come vincoli imposti dallo Stato alla banca centrale, alle banche, al pubblico (imposte occulte da vincoli finanziari), oppure ancora di indebitamento da cui lo Stato trae «imposte occulte da inflazione».

La politica monetaria e finanziaria – all'epoca il ragionamento riguardava quella della Banca d'Italia, oggi si applica anche alla Banca centrale europea – determina le modalità di finanziamento del disavanzo, e dunque influenza i costi politici a essa collegati. Perciò, a lungo andare, influisce sulla dimensione stessa della spesa e del disavanzo (anche del disavanzo primario, cioè al netto degli interessi sul debito pubblico). Anatema per la Banca d'Italia, i suoi sofisticati economisti e il leggendario governatore Guido Carli. Per loro, il disavanzo era un dato, influenzabile dalla banca centrale solo attraverso le esortazioni, di solito poco efficaci.

Seguirono accesi dibattiti, su questo e altri aspetti del modello di governo dell'economia praticato in Italia (raccolti nel volume *Il governo dell'economia e della moneta* del 1992).

In molte fasi della storia più o meno recente dell'Italia, la politica monetaria e finanziaria ha favorito di fatto la formazione di persistenti disavanzi pubblici elevati, mentre la condannava a parole.

Nelle rare fasi in cui, a causa del contesto finanziario internazionale, ciò non era possibile, i partiti hanno di solito sentito la necessità di rivolgersi a personalità esterne alla politica in senso stretto. Ho vissuto questa esperienza in prima persona, tra il 2011 e il 2013.

Nel dibattito giornalistico governi come quello sono

chiamati di solito «tecnici», espressione che non ho mai amato. Per quello che presiedevo ho sempre preferito la locuzione «governo di impegno nazionale», perché le scelte che eravamo chiamati a prendere erano di certo molto politiche: la tecnica riguardava la capacità di impostare azioni coerenti con gli obiettivi. In questo senso, mi permetto di osservare, anche i governi «politici» sono tenuti a essere «tecnici», se non vogliono mancare i loro obiettivi.

4. Elogio dei governi esigenti

Silvio Berlusconi, al momento del suo ingresso in politica nel 1994, ha dato un connotato di parte alla promessa di un «buon governo», perché questo era il nome del cartello elettorale che aveva formato con Lega e Alleanza nazionale.

Invocare oggi una stagione di «buon governo» potrebbe perciò sembrare una forma di nostalgia per una stagione politica che sotto molti aspetti non è stata all'altezza dello slogan che aveva prescelto. Anche se in realtà una definizione di buon governo si trovava già negli scritti di Luigi Einaudi, e non posso che condividerla: un buon governo è quello che «sappia ispirare fiducia nell'avvenire e sicurezza nel presente».

Possiamo però almeno auspicare governi «esigenti», che non si accontentino cioè di ottenere l'approvazione in effimeri sondaggi ma che abbiano una missione, un'ambizione di lungo periodo.

Oggi la missione dovrebbe essere quella di offrire una alternativa alla demagonia, anche se questo dovesse significare perdere le prossime elezioni.

La situazione della democrazia negli Stati membri e nella Ue (come in altri Paesi del mondo) è agonica. Bisogna rendersene conto e diffondere la consapevolezza che è indispensabile uno sforzo straordinario, come se si trattasse di una guerra.

Qualcuno potrebbe obiettare: ma chi sei tu per parlarci del futuro della democrazia? Non ti sei mai neanche candidato alle elezioni, e neppure sei un politologo.

Obiezione accolta. Eppure in questi ultimi anni ho sentito un imperativo sempre più forte a esprimere il mio pensiero su questi temi, senza riguardo a gabbie disciplinari di carattere accademico. E oggi lo faccio, per tre ragioni.

Primo. Sono estremamente preoccupato, per l'Italia e per l'Europa. Non che trovi rassicurante quel che avviene nel resto del mondo. Ma, anche se faccio raramente uso della parola «patria», ho sempre sentito profondo un vincolo di appartenenza, quasi si fosse trattato di una scelta, alla mia Patria, che è l'Italia europea.

Queste due entità – Italia ed Europa –, per fortuna inscindibili in senso fisico, sono state e sono talora oggetto di scissione. Scissioni nella storia, negli animi, nella cultura, nella politica. Scissioni volute o subite, sperate o temute, tentate o fallite. Nella mia vita ho avuto la fortuna di servire l'Italia e l'Europa, senza mai avvertire conflitti e battendomi sempre – di fronte a rischi di scissione in taluni aspetti o di mancata integrazione in altri – per l'integrazione e contro la scissione.

Oggi sia l'Italia sia l'Europa si trovano di fronte a tanti problemi difficili, ma evidenti, riconosciuti, sui quali si lavora. Solo a titolo di esempio: l'iniqua distribuzione della ricchezza, la disoccupazione, la scarsa competitività, la xenofobia, le disparità di genere, lo scarso controllo delle migrazioni eccetera.

Non altrettanto riconosciuta, ma non meno corrosiva nel presente e potenzialmente letale nel medio termine, è la crisi profonda delle nostre democrazie, sia negli Stati membri sia a livello europeo.

Sono divenute sempre meno efficaci, le nostre democrazie, sempre meno capaci di risolvere i problemi, con politici concentrati sulla ricerca del consenso nel breve periodo. Forse pensano, così facendo, di perpetuare la democrazia; invece, al massimo, perpetuano se stessi. Sempre più quel consenso è acquisito erogando bonus o sussidi. Vedremo più avanti le conseguenze di tale tendenza.

Secondo. Con sistemi politici nazionali sempre più fragili e meno capaci di sostenere decisioni impopolari ma essenziali nel lungo periodo, l'Ue fatica sempre di più a impostare e realizzare strategie indispensabili non solo per il suo sviluppo come potenza economico-politica continentale, ma anche per la sua stessa sopravvivenza. Sopravvivenza come struttura integrata, dato il rischio di ritorni nazionalistici. Sopravvivenza come democrazia, dato che in alcuni Stati membri l'attrattiva della democrazia sembra declinare.

E, infine, sopravvivenza *tout court.* Un continente che non trova una visione unitaria sulla politica estera e sulla difesa, men che meno su un bilancio adeguato allo scopo; circondato da nuovi imperialismi come quello della Russia e della Turchia; dalla lontana ma molto presente e crescente egemonia cinese; che oltre Atlantico ha una superpotenza economica e militare magari con un presidente che considera l'Ue (se non i singoli Paesi europei) un nemico; che, infine, ha perso con la

Brexit uno Stato membro riluttante, ma prezioso per la difesa, cioè la Gran Bretagna.

Non vorrei proprio che i miei figli e nipoti avessero di fronte a sé un percorso opposto a quello di rinascita, speranza e progresso che ho avuto io, nato nel 1943.

Terzo. Vivo nel sistema politico italiano come senatore a vita e ho frequenti contatti con esponenti politici di altri Paesi e delle istituzioni europee. Ma di rado trovo persone altrettanto preoccupate del degrado verso l'impotenza delle nostre democrazie quanto lo sono io, che pure non sono mai stato un pessimista. Spero di avere torto.

Considero però mio dovere, pur non avendo le competenze che hanno i legittimi cultori di queste materie, manifestare le mie preoccupazioni, anzi il mio allarme. Anche perché credo che il mio percorso, inconsueto, mi abbia dato tante occasioni per riflettere su questi temi, spesso in presa diretta con la realtà e con decisioni che, con altri ma a volte da solo, ho dovuto prendere.

Tuttavia, affinché il lettore possa fare le proprie valutazioni su quel che dirò, devo raccontargli sia pure in breve qual è il mio background.

3.
«Alla larga dalla politica»

1. Milano, anni Cinquanta e Sessanta

Il punto di partenza inevitabile è radicato negli affetti di una famiglia borghese nella Milano degli anni Cinquanta e Sessanta del secolo scorso. È una frase che mia mamma Lavinia ripeteva spesso a mia sorella Claudia e a me, a commento di notizie del giornale radio o del «Corriere della Sera»: «Ricordatevi sempre, ragazzi: alla larga dalla politica!».

Doveva essere una specie di vaccinazione, perché né Claudia – benché maggiore di due anni, molto più matura e più «contestatrice» di me – né io denotavamo interesse o propensione per attività politiche.

Sta di fatto che, consapevolmente o meno, quel consiglio l'ho seguito per diversi decenni, coltivando un impegno pubblico attraverso altri canali: la ricerca, l'università, i giornali.

Quando però cinquant'anni dopo, nel 2011, mi è stato chiesto di derogare a quel saggio principio materno, all'improvviso mi è sembrato che tutto il mio percorso mi avesse in qualche modo preparato per quel lavoro così difficile e quel contesto drammatico, cioè guidare un governo che aveva pochi giorni di tempo per evitare la bancarotta finanziaria, ma anche politica e culturale, del Paese.

Non voglio che il lettore pensi a una qualche teoria della predestinazione. Non sto affatto dicendo che ero «nato» per fare il presidente del Consiglio. Al contrario, mi limito a constatare che senza tutte le esperienze precedenti non avrei saputo neanche da dove cominciare e sarei stato sicuramente travolto dalla complessità della sfida.

La guida dell'Università Bocconi prima come rettore e poi come presidente, i due mandati a Bruxelles da commissario europeo, e poi i tanti interventi nella discussione di politica economica in Italia è come se mi avessero addestrato e fornito i rudimenti del mestiere di governare.

Eppure tutti quegli anni di inconsapevole preparazione alla necessità della politica erano stati appena sufficienti come apprendistato, nessuna lista di incarichi precedenti per quanto lunga mi avrebbe comunque mai fatto sentire pienamente tranquillo di fronte a una situazione di inedita gravità come quella che l'Italia doveva fronteggiare nel 2011.

Da cittadino certo sempre attivo nella vita collettiva del Paese e dell'Europa, mi sono chiesto più volte come avrei fatto ad affrontare le sfide che avevo davanti a Palazzo Chigi senza tutta quella preparazione che era durata decenni.

Dieci o quindici anni fa si era pensato che una scorciatoia per migliorare la qualità della democrazia fosse una minore distanza tra elettori ed eletti, meno professionisti della politica e più persone magari prive di esperienza specifica ma libere da favori da restituire e legami con interessi organizzati.

L'idea di una sovrapposizione tra rappresentanti e rappresentati aveva come corollario che non esistesse alcuna tecnica nel governare, che nessuna competenza fosse necessaria, e che entusiasmo e onestà fossero non soltanto doti apprezzabili nell'aspirante uomo o donna di governo, ma caratteristiche sufficienti.

2. *Giovani, polis, politica*

Se in questo libro ci sono molte pagine autobiografiche, non è quindi perché io ritenga di avere fatto, o cercato di fare, cose «notevoli» nella mia vita, che in sé meritino una narrazione, bensì per due inviti, rivolti soprattutto ai giovani.

In primo luogo, interessatevi ai problemi della collettività. Lo dovete fare per essere cittadini ed elettori consapevoli. E poi, anche se non siete attratti dalla vita politica potrà sempre avvenire che, magari a distanza di decenni, qualunque cosa possano avervi detto i vostri genitori, vi avviciniate per qualche ragione alla politica o addirittura che la politica abbia bisogno di voi. A questo eventuale incontro, in qualsiasi contesto avvenga, cercate di non arrivare completamente impreparati.

Se invece sentite in voi, ancora indistinta o già ben definita, una certa vocazione alla politica, non allarmatevi È una delle attività più nobili, anche se tanti esempi concreti possono darvene un'immagine ben diversa. Ma nell'assecondare questa bella vocazione cercate di diventare competenti – sì, competenti, tecnicamente competenti – in uno o più campi esterni alla politica.

Questo vi permetterà di esercitare la vostra futura attività politica con maggiore capacità ed efficacia; e anche con maggiore libertà e serietà, dato che se qualcuno vi sottoporrà a pressioni che la vostra coscienza fatica ad accettare, potrete lasciare quella posizione e tornare alla vostra professione.

Nella parte autobiografica di questo libro noterete come dai successi – e più spesso dagli inciampi – nel mio percorso, ho appreso strumenti, tecniche e accortezze che poi hanno composto la mia dotazione strumentale quando mi sono trovato – da un giorno all'altro – a Palazzo Chigi.

3. *Rigore, austerità, demagonia*

Vengo ora alla parte più politica del mio percorso, che mi ha spinto a scrivere questo libro. Quando ho avuto l'occasione di governare, ho cercato di farlo in coerenza con le idee e i principi che ho esposto sopra. Dunque, senza pensare al consenso immediato ma al risultato, e al bene del Paese che mi era stato affidato in un equilibrio tanto precario.

Anche se all'epoca la parola demagonia non mi aveva ancora attraversato la mente, ho cercato di guidare il Paese, con l'impulso e l'appoggio essenziale del presidente della Repubblica Giorgio Napolitano, come credo sia giusto fare – anche in stagioni meno emergenziali – per rinsaldare la fiducia nella democrazia, invece che lasciarla corrodere.

Dunque con scelte nette, spiegate nel modo più chiaro e onesto possibile a coloro che le subivano, e con un tentativo costante di bilanciare sacrifici e benefici tra i diversi gruppi sociali coinvolti, in modo da procedere con una equità che garantisse alle decisioni di essere se non apprezzate nell'immediato, almeno comprese e accettate una volta che il quadro generale dell'azione di governo fosse diventato evidente.

Ho visto però cosa succede in un Paese abituato a governi tanto propensi alle promesse elettorali quanto riottosi all'azione. Quella fase – quella dell'emergenza, del nostro governo, delle decisioni prese in momenti difficili – ha segnato una cesura nella percezione collettiva della vita pubblica e della politica.

Negli anni successivi, al nostro governo e a quel modo di governare è stato imputato un po' di tutto: dall'austerità nei conti – prodotta invece dai vincoli ereditati dallo stallo politico precedente – all'ascesa dei populismi, che invece proprio le decisioni drastiche dell'emergenza hanno contenuto, alla sottomissione dell'Italia a interessi stranieri, quando invece mai come allora c'è stata una contrapposizione frontale con Paesi intenzionati a subordinare le esigenze italiane alle loro, a cominciare dalla Germania.

Tra le tante caratterizzazioni di quell'esperienza di governo, ce ne sono due che invece rivendico, anche se non nell'accezione prevalente con cui vengono spesso citate, e sono quelle che si riassumono nei concetti di rigore e austerità.

Il rigore è il vaccino, e anche l'antidoto, alla demagonia, perché implica non soltanto maneggiare con prudenza il bilancio pubblico, ma soprattutto impostare un rapporto serio con gli elettori.

Un governo rigoroso non è un vincolo alla crescita del Paese, ma la premessa di quella crescita nel lungo periodo. Qualcuno potrebbe pensare che sto cercando di giustificare a posteriori le scelte inevitabili durante una contingenza così particolare come quella della crisi del debito sovrano italiano del 2011-2012.

Già oltre trent'anni fa, all'inizio di un'altra stagione della politica italiana, per un mio editoriale del 5 gennaio 1994, prima ancora di diventare commissario europeo, il «Corriere della Sera» aveva scelto come titolo «Questione fiscale tra voto e rigore».

In quell'articolo ormai lontano, a commento di mirabolanti promesse di riduzione delle tasse da parte di partiti e leader ormai scomparsi, scrivevo cose sulle quali non ho mai cambiato idea, e che ho cercato di applicare.

Per esempio che quanti propongono di ridurre la pressione fiscale dovrebbero chiarire l'orizzonte temporale della riduzione: per un anno? Fino alle prossime elezioni? Per sempre?

Dovrebbero inoltre precisare, se non vogliono esporsi alla critica di irresponsabilità finanziaria in ordine al disavanzo, il profilo di contenimento della spesa pubblica che essi hanno in mente; e se non vogliono esporsi alla critica di demagogia, le voci di spesa che propongono di contenere.

Già all'epoca – e sono passati trent'anni – mi toccava l'obbligo di osservare che nessuna promessa di riduzione di spesa è credibile se non riguarda il capitolo delle pensioni, di cui già allora si lamentava la crescita incontrollata.

Intendiamoci: le richieste di minori tasse non sono da respingere su basi di principio, anzi, visto che l'aumento della pressione fiscale negli anni non ha certo contribuito a contenere l'indebitamento. Ma si dovrebbe cercare di sfruttare la protesta fiscale in modo costruttivo, indirizzandola come un'arma contro quegli interessi costituiti che rendono difficile ridurre l'imposizione fiscale in modo costruttivo, e ridurre il disavanzo.

La diagnosi purtroppo non è cambiata dal 1994 al 2024, e così restano attuali proposte che già avanzavo all'epoca: per esempio, condizionare parte delle imposte al successo nel contenere la spesa.

Così, quando il governo è impegnato in un confronto con una determinata categoria ai fini del contenimento di una certa spesa, ogni contribuente saprebbe quanto gli costerebbe un cedimento dell'esecutivo; l'opinione pubblica spalleggerebbe concretamente il rigore nella spesa.

Invece, accogliere semplicemente una riduzione della pressione fiscale, che faccia aumentare il disavanzo o ne rinvii la riduzione, significa tacitare le proteste dei contribuenti trasferendo l'onere sui loro figli, chiamati in futuro a sostenere le conseguenze del disavanzo con maggiori tasse e maggiore disoccupazione.

Inutile dire quale scelta è stata fatta nei trent'anni seguiti a quell'articolo: non si contano i condoni fiscali, parziali, tombali, bis, ter, quater, e le rottamazioni di cartelle esattoriali, le paci fiscali, i concordati preventivi, i bonus di ogni genere, soprattutto a ridosso delle elezioni… per non parlare delle continue proroghe di privilegi di categorie specifiche – dai balneari ai professionisti riuniti in ordini professionali – che finiscono per comportare costi più o meno occulti ai danni dei contribuenti.

Nel 2012 un autorevole leader politico, a quel tempo il più influente sull'opinione pubblica italiana, anch'egli giunto in politica dopo solide affermazioni professionali, Beppe Grillo, coniò un neologismo, tratto da *rigor mortis*, «rigidità cadaverica», peraltro mediato, secondo un'accreditata scuola di pensiero, dal protagonista del fumetto «Rigor Mortis» creato da Riccardo Crosa. «*Rigor Montis*» è entrato nel vocabolario Treccani: «Rigor Montis, s.m. inv. (ironico, spregiativo) Mario Monti, economista, docente, politico e uomo di governo, visto come artefice di una politica economica rigoristica dagli effetti letali eccetera».

Chi denuncia il rigore pensa che a quel concetto corrisponda la scelta di introdurre vincoli esterni sempre più stringenti all'azione politica. Ma questi non bastano, come si è visto nella storia antica e recente del Paese, se sono disgiunti da una cultura condivisa – nel governo, in Parlamento, tra gli elettori – sulla necessità di rispettarli.

L'articolo 81 della Costituzione – ben prima della riforma votata dal Parlamento durante la crisi dello spread – prevede un equilibrio tra le entrate e le spese dello Stato, ma c'è sempre stata una «collusione nell'eludere» quel vincolo di bilancio che coinvolgeva un po' tutti: i governi, i partiti, i presidenti della Repubblica che a volte promulgavano leggi di spesa senza la copertura che avrebbe dovuto sostenerle.

Fino al 1981 perfino la Banca d'Italia, giustamente considerata la più autorevole istituzione italiana, tutrice dell'economia e massimo sacerdote della disciplina di bilancio, era parte di quella collusione, assicurando l'acquisto del debito pubblico non assorbito dal mercato.

Il rigore non è qualcosa che possono imporre l'Europa o i mercati, e men che meno una cura letale, come pensava Grillo. È un modo di interpretare il rapporto tra politica ed elettori, nonché tra i cittadini di oggi e quelli di domani. L'aggettivo giusto per definire una politica improntata al rigore non è il neologismo usato con toni sprezzanti in questi anni, cioé «rigorista», bensì il più semplice e preciso «rigoroso», presente da sempre nel nostro vocabolario, anche se poco utilizzato per mancanza di occasioni.

Una politica che non è rigorosa, ma accondiscendente, finisce soltanto per peggiorare i problemi che è chiamata a risolvere. Vale quando la sfida riguarda la sostenibilità dei conti pubblici, e a maggior ragione ora che – per l'Italia, l'Europa e per tutto il mondo – c'è la necessità di rispondere con politiche adeguate alla crisi climatica.

Ed è la nostra Costituzione, dopo la modifica degli articoli 9 e 41 del 2022, ad aver introdotto non solo il riferimento all'ambiente come bene e valore costituzionale, ma anche ad aver indicato nelle future generazioni il riferimento obbligato dell'azione pubblica.

Ogni scelta titubante, compiacente, all'apparenza pragmatica nel breve periodo, finisce per imporre alle comunità di riferimento sacrifici e costi insufficienti a raggiungere l'obiettivo di contenere l'aumento della temperatura entro il grado e mezzo rispetto all'età preindustriale, ma ampiamente sufficienti a generare ostilità verso la transizione ecologica.

Il crollo di sostegno alle politiche verdi che si sta registrando un po' ovunque si deve proprio a questo: a una politica troppo poco rigorosa, che finisce sempre per inseguire l'approvazione nel breve periodo invece che spiegare con chiarezza agli elettori il problema da affrontare e costruire consenso intorno alle politiche necessarie per risolverlo, che certo richiedono qualche sacrificio immediato, ma che permettono di evitare disastri ben maggiori nel medio termine.

Se il rigore è prima di tutto un atteggiamento dell'animo, l'austerità è la sua manifestazione esteriore osservabile.

In una democrazia rappresentativa fondata sulla delega, i cittadini non sono tenuti a padroneggiare ogni dettaglio di politiche che richiedono competenze sempre più specialistiche.

Ma devono potersi fidare dei loro rappresentanti, e una forma di austerità nei comportamenti e nelle scelte è una necessaria, per quanto non sufficiente, forma di rispetto di chi governa verso chi è governato.

L'austerità virtuosa è la promessa di maneggiare con la dovuta accortezza risorse pubbliche e di fare scelte ponderate in ambiti che implicano conseguenze di lungo periodo.

Nel suo noto saggio *Il lavoro intellettuale come professione*, Max Weber distingue due modi di intendere la politica come professione: c'è chi vive «di politica» e chi «per la politica». Due alternative che non necessariamente si escludono. Chi vive di politica ne fa la sua carriera e fonte di sostentamento.

Chi invece vive «per» la politica, «costruisce tutta la propria esistenza intorno a essa». A sua volta, tra coloro che vivono «per» la politica, alcuni godono del «puro possesso della potenza», che deriva dall'accesso al livello decisionale, per altri la politica «alimenta il proprio equilibrio interiore e il proprio sentimento di sé con la coscienza di dare un senso alla propria vita per il fatto di servire una causa».

Se il mio percorso ha finito per farmi sviluppare un'attitudine «professionale» alla politica è senza dubbio nell'accezione di questo secondo sottoinsieme.

E la «causa» meritevole di tanti decenni di impegno si potrebbe appunto riassumere nel tentativo di creare una politica rigorosa, pienamente legittimata grazie alla sua efficacia e al modo in cui viene presentata.

Raccontare nel dettaglio – a distanza di tanto tempo – quel biennio cruciale nel quale abbiamo provato ad applicare questi principi è dunque importante più che per correggere le tante distorsioni che si sono affermate in questi anni, per analizzare conseguenze, risultati e opportunità di un tentativo di governare senza pensare ai sondaggi, ma in modo rigoroso nell'accezione di cui sopra.

La storia del 2011-2012 e di quello che è seguito, insomma, è una specie di caso di studio di quali traiettorie può seguire la democrazia italiana. Poi starà ai lettori farsi la propria idea su quale, tra queste traiettorie possibili, sia la più desiderabile.

Quel governo ha contribuito a salvare l'Italia da una crisi di sfiducia che la stava spingendo verso la bancarotta e, salvando l'Italia, è stato funzionale anche a salvare la moneta unica e le prospettive dell'eurozona.

4. Problemi più vasti, soluzioni più anguste, interesse generale polverizzato

Oggi la crisi di sfiducia non riguarda un singolo Paese e la sua capacità di sostenere l'indebitamento accumulato, ma il modello democratico stesso.

La natura dei problemi con cui ci confrontiamo richiede alla politica un ampliamento di orizzonte, nel tempo (soluzioni di lungo periodo) e nello spazio (soluzioni internazionali o globali).

Invece la politica, sempre più schiava del consenso immediato dei propri cittadini, accorcia lo sguardo nel tempo (*short-termism*) e lo restringe nello spazio (nazionalismo, localismo).

Nei Paesi a tradizione liberal-democratica, tale tendenza è soprattutto problematica nei due gangli del mondo occidentale: l'Unione europea e i suoi Stati membri, dove l'obiettivo dell'integrazione diventa politicamente più difficile da difendere e da realizzare, e gli Stati Uniti, nei quali le forze che spingono all'isolazionismo tendono a prevalere.

Il risultato è che a soffrirne sono la cooperazione transatlantica e il ruolo congiunto dei valori liberal-democratici nel promuovere forme di governance a livello globale. Quanto si è detto per la politica vale – in qualche misura – anche per la classe dirigente in senso lato.

Una politica che si fa schiava del consenso degli elettori perde di vista l'interesse generale e diviene accondiscendente verso gli interessi particolari. Spesso, questi ultimi hanno due facce.

Ci sono gli interessi particolari delle *constituencies* o corporazioni coltivate da un determinato partito, che vengono soddisfatti mediante sussidi a carico dello Stato o mediante regolamentazioni favorevoli a quei soggetti e che penalizzano altri soggetti (consumatori, concorrenti effettivi o potenziali dei soggetti medesimi).

E poi ci sono gli interessi particolari di singoli partiti o personalità politiche, che incassano voti o altre utilità.

Il compito dei governi non è quello di seguire ciecamente le pulsioni dei popoli. Alexander Hamilton, uno dei padri fondatori degli Stati Uniti d'America, sapeva operare la giusta distinzione tra esigenze democratiche e derive demagogiche.

Le sue parole, che mi hanno sempre colpito e che già abbiamo citato nel libro con Sylvie Goulard del 2012, suonano oggi quanto mai attuali: «Che le opinioni del popolo, quando siano ragionevoli e mature, debbano dirigere la condotta di quelli cui ha affidato i suoi affari, è ciò che risulta naturalmente dallo stabilimento di una Costituzione repubblicana; ma i princìpi repubblicani non esigono affatto che ci si lasci impressionare dal minimo vento delle passioni popolari, né che si debba obbedire a tutti gli impulsi momentanei che la massa può ricevere dalla mano artificiosa di coloro che ne accarezzano i pregiudizi per tradirne gli interessi».

Hamilton osserva che il popolo non è masochista o irrazionale, e di solito non desidera altro che il bene pubblico, «ma esso sbaglia spesso nel cercarlo. Se gli si andasse a dire che esso giudica sempre sanamente i mezzi da impiegare per giungere alla prosperità nazionale, il suo buon senso gli farebbe disprezzare una simile adulazione, perché ha appreso per esperienza che gli è accaduto talvolta di sbagliarsi; e, questo deve far meraviglia, esso non si sbaglia più tanto spesso, perseguitato com'è dalle astuzie dei parassiti e dei sicofanti, circondato dalle insidie tesegli continuamente da uomini avidi e senza risorse, ingannato da coloro che possiedono la sua confidenza senza meritarla, o che cercano piuttosto di possederla che di rendersene degni».

Quindi può succedere che i veri interessi del popolo risultino contrari ai suoi desideri e dunque, avverte Hamilton, «il dovere di quelli che esso ha preposto alla guida dei suoi interessi è di combattere l'errore di cui esso è momentaneamente vittima, per dargli il tempo di riconoscersi e di vedere le cose a sangue freddo».

Nel breve periodo si rischia di essere impopolari, ma poi il tempo di solito restituisce un giudizio più equilibrato, «ed è avvenuto più di una volta che il popolo, salvato così dalle fatali conseguenze dei suoi errori, abbia voluto elevare monumenti a uomini che avevano avuto il coraggio di dispiacergli per servirlo».

Assecondare sempre le pulsioni del popolo, di conseguenza, può portare a generare molte delusioni profonde dopo l'iniziale approvazione.

Tra le vittime della demagonia, oggi, si annovera infatti anche l'efficacia delle politiche economiche, quando sono guidate da motivazioni non dichiarate (o ammantate da presunti interessi generali). Ne soffre soprattutto la finanza pubblica.

Nel corso della mia vita ho avuto modo di osservare, denunciare e, quando ho ricoperto incarichi che lo consentissero, contrastare queste patologie, al tempo stesso della politica e della finanza.

Oggi ritengo che queste siano componenti perverse e molto diffuse, tra le cause dell'agonia di molte democrazie, della demagonia. È questo lo sfondo, e al tempo stesso l'oggetto principale, di questo libro.

Dopo decenni nei quali ero riuscito a restare «alla larga dalla politica», secondo il monito di mia madre, un giorno è stata la politica a venirmi a prendere.

Spiegherò come ciò accadde, tra la grande sfiducia dei mercati, le tensioni tra Italia e Unione europea, e le prime esplosioni dell'incipiente demagonia nel nostro Paese.

Distillerò poi, da quel che ho visto e vissuto dal 2013 a oggi, una serie di opinioni e magari di suggerimenti in merito ai temi più gravi che oggi l'Italia e l'Europa devono affrontare.

All'epoca della crisi dello spread ho avuto l'occasione di dare il mio contributo da Palazzo Chigi. Dal 2013, come cittadino sempre più preoccupato, ho cercato di fornire qualche idea e spunto di riflessione dal mio seggio in Senato. Ora vorrei farlo in modo più ampio, con questo libro.

Se le mie apprensioni saranno condivise, forse potranno contribuire a una maggiore presa di coscienza dei rischi ai quali andiamo incontro con una certa leggerezza, come se fossimo ammaliati dal pifferaio di Hamelin.

5. Leone XIII e Bocconi: scuola cattolica, università laica

Quando ripenso al momento in cui divenni rettore della Bocconi, il primo novembre 1989, una cosa mi colpisce soprattutto: l'imprevedibilità. L'imprevedibilità dei grandi eventi della Storia così come delle modeste vicende umane.

In sé, la mia nomina non giunse inattesa, dato che il rettore uscente, Luigi Guatri, molto influente, anche perché al tempo stesso consigliere delegato, aveva annunciato il suo orientamento in tal senso qualche giorno prima.

Ma del tutto imprevedibile, almeno per me, era il fatto che quella nomina, annuale ancorché rinnovabile, avrebbe cambiato per sempre, e non per qualche anno, il mio rapporto con l'università.

Cessavo di essere un economista molto impegnato nella didattica, nella ricerca e nella formazione di nuovi economisti, come ero stato per vent'anni.

Diventavo parte della leadership della Bocconi, una mutazione che si sarebbe rivelata senza ritorno. Sono stato rettore per cinque anni e poi, per un lungo periodo, presidente. E così ho perso alcune componenti della mia professionalità nelle quali avevo molto investito. In quel momento l'ho vissuto un po' come un'amputazione.

Quando mi sono iscritto alla Bocconi nel 1961 la laurea era quella in economia e commercio e non esistevano ancora la laurea in economia politica e in economia aziendale; perciò, lo studente che entrava in quell'università (come nelle altre a quell'epoca) per questi studi non doveva scegliere tra le due lauree, e neppure successivamente veniva invitato a scegliere un indirizzo piuttosto che un altro.

Non avevo ancora le idee molto chiare su quello che avrei fatto nella vita. Il monito materno a stare lontani dalla politica non credo fosse un'esclusiva di casa nostra. Era un atteggiamento piuttosto diffuso nella borghesia settentrionale che non ha mai voluto sporcarsi le mani con la gestione della cosa pubblica.

Un disimpegno che, col senno del poi, si è rivelato un grave errore storico perché ha alimentato un senso di estraneità verso le istituzioni. La borghesia imprenditoriale del Nord ha sempre lamentato di non sentirsi compresa dai palazzi romani i cui inquilini non brillavano per sensibilità verso le esigenze di un mondo produttivo che invece era più in sintonia con l'Europa e i mercati internazionali.

Un distacco che poi è cresciuto fino a maturare spinte localiste destabilizzanti, e che trovava il suo nucleo in quella convinzione che fosse meglio stare, appunto, «alla larga dalla politica» per poi magari criticarla aspramente, ma senza impegnarsi in prima persona.

6. *Sedici anni: uno sguardo paritetico a Urss e Usa*

Da mio padre Giovanni, dirigente bancario, avevo ricevuto altri stimoli che mi spingevano in una direzione diversa da quella auspicata da mia mamma: lui aveva delle idee piuttosto originali e – riconosco oggi – notevoli intuizioni su cosa sarebbe servito ai suoi giovani figli per comprendere il mondo in cui vivevano.

Alla fine degli anni Cinquanta, quando io e mia sorella eravamo adolescenti, il mondo era diviso in due: da una parte il comunismo e dall'altra il capitalismo, due sistemi con pochi punti di contatto in quella fase di piena Guerra fredda. Sembrava quasi obbligatorio prendere parte, ma quale?

Così, nel 1959, quando avevo sedici anni, mio padre ci ha annunciato: «Claudia, Mario, mi è venuta un'idea: penso che dobbiate rendervi conto da soli di quello di cui la gente discute tutto il tempo, questa tensione tra capitalismo e comunismo che agita il mondo, dunque quest'anno potremmo dedicare un paio di settimane delle vacanze a fare un viaggetto».

Il piano era quello di andare a visitare l'Unione Sovietica, «l'estate prossima andremo negli Stati Uniti, così avrete modo di vedere cose interessanti e farvi una vostra idea».

Per quell'epoca, era una cosa enorme: l'Unione Sovietica era quella di Nikita Krusciov che stava solo iniziando ad aprirsi al mondo, Josif Stalin era morto da appena sei anni, il suo corpo era ancora nel mausoleo della Piazza Rossa quando lo abbiamo visitato. Per entrare nel Paese bisognava affidarsi all'Inturist, l'agenzia governativa per il turismo.

Ricordo ogni tappa di quel viaggio in treno da Milano a Berlino – era la Berlino del 1959, ancora divisa in quattro settori e ancora senza il muro che sarebbe stato costruito due anni dopo – e poi Varsavia, Mosca, Leningrado, il ritorno su un battello sovietico Leningrado-Helsinki-Stoccolma-Copenhagen. L'ultimo tratto in treno.

7. *Esordio disastroso nel giornalismo*

Di quel viaggio – che allora non era certo una esperienza comune – ho scritto in un articolo che mi era stato richiesto da «Giovinezza Nostra», la rivista del mio liceo, il Leone XIII, gestito dai gesuiti.

Conservo ancora la rispettosissima ma bruciante lettera di rifiuto del padre rettore che, in sintesi, diceva: «Grazie dell'articolo, ma non lo pubblicheremo, a volte è capitato anche ai migliori giornalisti di vedersi rifiutato un pezzo».

La mia colpa era di aver parlato troppo bene del sistema educativo sovietico: certo, nell'articolo c'era forse una dose di entusiasmo giovanile, ma è vero che quella era una delle parti più presentabili dell'Unione Sovietica.

Ho incassato il colpo ma mi sono arrabbiato così tanto che ho strappato l'articolo che mi era stato restituito. Ho ancora la bozza della mia piccata risposta – per fortuna mai inviata – nella quale rivedo, a distanza di tanti anni, quella tendenza a elaborare documenti puntigliosi e pieni di commenti puntuti che poi avrei sviluppato nel preparare tante riunioni, in Italia e a Bruxelles.

Un inizio un po' traumatico della mia carriera di editorialista che, per fortuna, poi è proseguita in modo ben più appagante in oltre cinquant'anni di collaborazione con il «Corriere della Sera». Ho iniziato con quello diretto da Piero Ottone e poi ho continuato con tutti i direttori, tra i quali devo ricordare soprattutto Paolo Mieli e Ferruccio de Bortoli, ciascuno direttore per due volte, con i quali ho avuto i rapporti più intensi. Oggi continua felicemente con Luciano Fontana.

Non basterebbero poche righe per spiegare la grande importanza che tanti anni di collaborazione al «Corriere della Sera» hanno avuto per la mia formazione. Scrivere con chiarezza e in modo succinto (anche se questo non è mai stato il mio punto forte), mettersi dalla parte del lettore, porre in evidenza i pro e i contro di una proposta di politica economica, agevolare il lettore con comparazioni nel tempo o tra Paesi, tutto questo rappresenta una scuola formidabile per il cultore di scienze sociali, economiche, politiche che non voglia confinarsi per tutta la vita nella pur indispensabile attività accademica. Al «Corriere», che mi ha sempre accolto con particolare riguardo malgrado il mio incorreggibile vizio di mandare gli articoli in ritardo, devo una gratitudine simile a quella che provo nei confronti delle mie altre due «case» milanesi: la Bocconi in primis e, per un lungo tratto di tempo, la mitica Comit (Banca Commerciale Italiana).

L'anno dopo il viaggio in Urss, siamo andati negli Stati Uniti. Un'esperienza memorabile per un diciassettenne nel 1960. Per avere un'idea, il presidente era ancora il generale Dwight D. Eisenhower e proprio in quell'estate era molto accesa la sfida tra i due candidati all'elezione di novembre: il vicepresidente Richard Nixon, repubblicano, e il giovane democratico John F. Kennedy.

Per lasciare traccia del viaggio americano, invece che lavorare a un articolo, ho fatto tantissime foto e un piccolo film – con la pellicola da 8 millimetri – che poi è stato mostrato a scuola, visto l'argomento assai meno controverso rispetto ai miei commenti sull'Unione Sovietica.

All'Istituto Leone XIII ho frequentato dalla IV elementare alla Maturità Classica. Ho di quei dieci anni un ricordo straordinario per i compagni (ci troviamo ancora almeno una volta all'anno), per gli studi pesanti ma profondamente formativi, per il clima intellettuale. E sono anche contento, devo dire, di aver avuto una formazione prima in una scuola religiosa e poi in una grande università laica, la Bocconi.

Gli insegnamenti dei gesuiti devono aver lasciato tracce visibili. Moltissimi anni dopo la fine del liceo, durante il secondo mandato da commissario europeo, mi trovavo a una cena di lavoro con il presidente della Commissione Romano Prodi e il cancelliere tedesco Gerhard Schroeder a Bruxelles.

Si parlava del dossier molto delicato per la politica tedesca delle Landesbanken, le banche locali che beneficiavano di un supporto pubblico che la Commissione considerava eccessivo e problematico. Come commissario alla Concorrenza ero impegnato in un duro negoziato con la Germania per ridurre quella distorsione nel mercato.

Alla cena Prodi aveva portato alcuni commissari, Schroeder alcuni dei suoi ministri. A un certo punto della serata ricordo che Schroeder ha chiesto: «Romano, posso chiedere una cosa a Monti?». «Certo.» E lui: «Mister Monti, per caso lei ha studiato dai gesuiti?». «Sì, signor Cancelliere. Ma come mai mi fa questa domanda?» «Perché lei negozia, negozia, negozia, ma non cede mai di un centimetro.»

8. Alla Bocconi, dove nasce una passione

All'ingresso in Bocconi il mio interesse per l'Europa e le politiche pubbliche non si era ancora consolidato. Se mi fossi trovato di fronte alle scelte precoci che devono affrontare oggi gli studenti, tra corsi di studio molto differenziati, avrei scelto senza alcun dubbio l'economia aziendale, non l'economia politica.

Venivo dal liceo classico e al primo anno di Bocconi mi ero appassionato a materie improbabili, forse perché ero consapevole di non saperne niente, e mi ci ero dedicato con una certa determinazione: Ragioneria generale applicata, oltre a Diritto e Matematica, erano le materie che mi avevano appassionato al primo e al secondo anno.

Mentre Economia politica (1 e 2) e Statistica 1 erano insegnate da due docenti di cui molti anni dopo avrei capito la grandezza scientifica (di certo superiore alla chiarezza didattica), ma certamente non sul momento: il professor Giovanni Demaria e il professor Francesco Brambilla.

Giunto al terzo anno ho quindi frequentato il corso di Politica economica e finanziaria tenuto dal professor Ferdinando di Fenizio: fino a quel momento mi vedevo non rassegnato – perché non avevo neanche idea di quale poteva essere l'alternativa – ma inquadrato in una strada che mi avrebbe portato a trovare un impiego in azienda.

E invece con il corso di Politica economica e finanziaria si è accesa in me una fiamma. È la prima apparizione della «Politica» nella mia vita, ma mia madre può stare tranquilla: è Politica, ma solo «economica», non la tanto esorcizzata alta (o bassa?) politica. Il professor di Fenizio, nella mia prospettiva di studente che lo guardava con interesse e con sorpresa e che non lo considerava un punto fermo sulla propria strada, è stato visto come un essere molto interessante – non senza qualche aspetto di eterodossia e di curiosità nel comportamento personale, nello stile, nel modo di insegnare – che immetteva, almeno in me, ma so anche in altri compagni, un gusto veramente nuovo.

Un gusto nuovo che forse riusciva a immettere perché di Fenizio insegnava la politica economica e finanziaria immersa in questioni come il metodo delle scienze sociali, i giudizi di valore (e dove avevo mai trovato nei primi due anni i giudizi di valore?), il ruolo dell'economista, che cosa voglia dire questo strano mestiere, in che rapporto è l'economista che non decide o non dovrebbe decidere con coloro che dovrebbero decidere, ma che non sempre decidono, nella politica.

Mi sono appassionato, ho considerato doverosi, ma non fonte di grande piacere, gli altri insegnamenti e ho deciso di chiedere la tesi al professor Ferdinando di Fenizio, senza avere chiara cognizione all'inizio che mi accingevo a inerpicarmi su un sentiero piuttosto scosceso.

Ero andato a casa di Fabrizio Onida, poi anche lui professore in Bocconi, a chiedergli consigli, in quanto «cavia» più avanzata di me nel processo di lavorazione del professor di Fenizio; e anche se non ricordo esattamente quello che Onida mi disse, evidentemente non fu tale da incoraggiarmi a cambiare la mia idea circa a chi chiedere la tesi di laurea.

9. *E spunta l'Europa*

Nel chiedere la tesi al professor di Fenizio mi sono, però, concesso un margine di autonomia nel suggerirgli che tipo di argomenti avrei considerato interessanti. Ero già molto sensibile al tema dell'integrazione europea. E allora è venuto fuori, come spunto per la tesi di laurea, il bilancio economico previsionale della Comunità europea.

Non i bilanci pubblici degli Stati membri dell'Unione europea, ma il bilancio nel senso di previsione macroeconomica aggregata sull'insieme del sistema economico comunitario, che si componeva ancora di soltanto sei Stati membri.

Avendo deciso di investire molto nella tesi col professor di Fenizio e sull'Europa, e non essendoci allora neppure alla Bocconi un ufficio stage, mi sono dato da fare per vedere se non fosse possibile andare sul luogo.

Sono stato per fortuna accettato dalla Commissione europea e ho fatto uno stage di tre mesi nella Direzione generale degli Affari economici e finanziari.

Dicevo sentiero impervio perché una delle manifestazioni della peculiarità del carattere di Di Fenizio, in questo caso nei miei confronti, fu che a metà circa di questo percorso a Bruxelles tornai per due giorni a Milano (c'erano delle elezioni) e gli feci visita, presentandogli i progressi dello studio su questo tema, secondo le linee che mi aveva dato.

Andai a trovarlo nel palazzo marmoreo della Montecatini in via Moscova, dove aveva prevalentemente sede di lavoro come Consigliere economico. Rimasi più raggelato del marmo che costituiva le facciate di quell'edificio, perché mi accolse gentilmente e mi chiese: «Ma lei è proprio sicuro di voler fare la tesi con me?».

Questo dopo che io avevo già dedicato un paio di mesi a uno stage in una lontana terra straniera di nome Belgio, a Bruxelles, per fare la tesi con lui.

Gli risposi di sì, assolutamente, non penso ad altro. Per fortuna accettò di continuare in questa opera, che forse non l'aveva fino a quel momento molto entusiasmato, di relatore della mia tesi di laurea.

Anche dopo essermi laureato non è finita l'influenza del professor di Fenizio sulla mia vita. Già un docente che nella Milano dei primi anni Sessanta sposta l'orientamento di un giovane borghese milanese da una pacifica attività aziendale o bancaria a un'attività accademica è qualcosa di notevole.

Mi ricordo che, quando spiegai a mio padre che era dirigente bancario che avevo questo proposito, giocai molto sul termine macroeconomia; termine che, pur essendo un uomo colto a sua volta laureato alla Bocconi, non formava oggetto del suo linguaggio quotidiano; e quindi dandomi fiducia poi mi ricordò varie volte nel tempo: «D'altronde, Mario, tu ti sei appassionato alla macroeconomia, cosa potevo farci?».

Quindi il professor di Fenizio non solo mi ha influenzato in modo che mi sono interessato all'andamento delle economie nazionali non domestiche né aziendali e addirittura delle economie di sistemi integrati come quella che oggi chiameremo l'Unione europea ma mi ha instillato una passione.

E questo ha fatto maturare in me ambizioni non tanto accademiche quanto di influenzare la realtà, vuoi con i consigli vuoi magari, se fosse capitato, anche più da vicino, e anche l'ambizione di cercare di esercitare quella persuasione; e, come lui aveva fatto tantissimo, ho cominciato anch'io abbastanza presto a scrivere articoli di opinione sui giornali, a parte quelli doverosamente scientifici nelle apposite riviste.

Ricordo con emozione il primo articolo, una sintesi della tesi di laurea, che il professore mi fece pubblicare su «L'Industria» e che ebbe come conseguenza la prima apertura nella mia vita di una busta arrivata per posta che contenesse un assegno (100.000 lire). (Divagazione importante: se l'esordio nel giornalismo era stato disastroso, quello nelle scelte di investimento fu invece lungimirante e fortunato. «Impiegai» quell'importo per regalare un piccolo anello a una ragazza di nome Elsa. Dopo cinquantotto anni lo vedo ancora tutti i giorni, al suo dito, di fianco a me.)

Dopo la laurea e un periodo di specializzazione a Yale, con il futuro premio Nobel James Tobin, mi accingevo a iniziare la mia carriera accademica in un periodo piuttosto inconsueto: tra la fine degli anni Sessanta e i primi anni Settanta, le università – a Milano e non solo – erano in ebollizione.

Ricordo in particolare un viaggio in treno tra Milano e Bologna, era il giugno del 1969 e io andavo, pieno di timore, a tenere il mio primo seminario fuori casa. Avevo finito i miei studi alla Bocconi, avevo incominciato a insegnare e stavo andando a Bologna, all'Istituto di Scienze economiche della Facoltà di Scienze politiche, istituto creato dal professor Nino Andreatta.

Ero molto intimorito all'idea di essere esaminato di fronte alla sua autorità. Lo sguardo, le domande, i movimenti pendolari del professor Andreatta sulla poltroma, che non sapevo ancora essergli consueti, mi causarono qualche brivido. Anche perché la posta in palio di quel seminario per me era molto importante.

Qui entra in gioco il professor Innocenzo Gasparini, che alla Bocconi era succeduto a di Fenizio e mi aveva accolto nell'Istituto di Politica economica e finanziaria. Gasparini, che per vent'anni sarebbe stato per me un mentore di grande valore e generosità, si sarebbe rivelato di lì a poco, prima come preside e poi come rettore, una figura decisiva per la trasformazione culturale e internazionale della Bocconi. Ebbene, il professor Gasparini aveva l'idea di farmi avere un incarico di insegnamento – il primo per me – nel successivo anno accademico 1969-1970 all'Università di Trento, Facoltà di Sociologia.

Allora nessuno si aspettava che proprio da quella facoltà sarebbe iniziato il «Sessantotto» italiano, la contestazione e anche quell'estremismo violento che sarebbe poi sfociato nel terrorismo del decennio successivo.

Uno sconosciuto, poco più che neolaureato, giovane potenziale professore di Milano non poteva certo arrivare a Trento senza passare dal vaglio del professor Andreatta, che a Trento era nato e che della vita culturale e politica di quella città è rimasto un protagonista per decenni.

Quel seminario, quindi, mi incuteva una certa paura. Deve essere andato bene, visto che pochi mesi dopo sono effettivamente finito a insegnare a Trento.

Mi chiesi dove mai mi avesse mandato Andreatta, perché il primo giorno dovetti partecipare non già al consiglio di facoltà, una istituzione borghese, ma al plenum dei docenti – si chiamava così. Il leader del movimento studentesco locale, Marco Boato, si rivolgeva a noi docenti col «tu» e ci disse che il giorno dopo ognuno di noi sarebbe stato naturalmente sottoposto a un «esame politico».

Iniziavo a pensare che quel passaggio a Bologna non fosse stato poi così positivo. Però, anche sotto questo profilo, devo essere grato al professor Andreatta, perché nella formazione del carattere certe prove un po' dure sono molto importanti.

L'anno dopo, nel 1970, si presentarono due nuovi impegni. Non certo leggeri, ma che affrontai con una certa levità, dopo la peraltro interessante vicinanza al fronte della contestazione dura.

Dal punto di vista universitario, oltre a mantenere la mia base bocconiana come assistente, venni invitato a insegnare come professore incaricato a Torino, Facoltà di Economia e Commercio. Un luogo che più torinese non si può... Per nove anni, prima di avere la cattedra alla Bocconi, ho goduto dell'amicizia e dell'esempio di un fratello maggiore, il professor Onorato Castellino, che senza volerlo e forse senza saperlo ha avuto su di me grande influenza. Rigoroso, pacato, affabile, aveva creato un Istituto nel quale, senza luci della ribalta, si lavorava molto seriamente. La sua profonda competenza in materia previdenziale (tema che molti economisti consideravano arido e poco appagante) sarebbe poi stata trasfusa in una giovane professoressa che conobbi e apprezzai. Quando oltre trent'anni dopo dovetti cercare dalla sera alla mattina (anzi, come lei racconta, le chiesi di darmi la sua disponibilità la sera stessa) chi potesse disegnare e far approvare un'ambiziosa riforma delle pensioni in pochi giorni, telefonai subito a lei, Elsa Fornero.

L'altra novità del mio 1970 fu l'inizio di una collaborazione con la Banca commerciale italiana di Raffaele Mattioli, un banchiere mitico che ho però incrociato soltanto un paio di volte.

A chiamarmi, infatti, era stato Sergio Siglienti, capo dell'ufficio studi della Banca commerciale italiana che già allora vantava una grande tradizione di autorevolezza, con il quale ho iniziato a collaborare come Consigliere economico. Sergio Siglienti e, dopo qualche tempo, l'amministratore delegato Franco Cingano divennero per me punti di riferimento importanti, dotati com'erano di benevolenza verso gli studiosi e di raffinata capacità di giudizio sui nessi tra economia, finanza e politica nel senso alto del termine.

Con Siglienti abbiamo lanciato «Tendenze monetarie», un bollettino mensile che faceva quello che, all'epoca, la Banca d'Italia considerava irrilevante, cioè monitorare la quantità di moneta in circolazione.

Era tale il rifiuto ideologico di ogni forma di monetarismo, che la Banca d'Italia non pubblicava serie storiche sulla quantità di moneta e non misurava neppure il tasso di interesse reale, cioè al netto dell'inflazione. Si limitava a usare modelli raffinatissimi, ma privi di quelle variabili fondamentali e dunque, diciamo, moderatamente utili.

Dopo il secondo numero di «Tendenze monetarie», Siglienti mi ha telefonato: «C'è il governatore Carli che vorrebbe conoscerla». E io, pieno di emozione, sono andato a Roma a incontrare Guido Carli, che in quegli anni giganteggiava su tutti gli altri protagonisti del dibattito economico per l'autorevolezza che gli era riconosciuta e per la soggezione che incuteva. Qualche anno dopo l'avv. Agnelli mi avrebbe chiesto di occupare il posto di consigliere indipendente nel Consiglio di amministrazione della Fiat, tenuto da Carli per molti anni, quando raggiunse il limite di età.

Negli stessi anni in cui mi trovavo a denunciare i limiti dell'approccio della Banca d'Italia – all'epoca poco abituata alle critiche – ho avuto il primo contatto anche con la Bundesbank, la banca centrale tedesca, che aveva un approccio culturale molto lontano da quello della Banca d'Italia molto meno sofisticato.

Era il 1972 e mi trovavo sul Lago di Costanza per una conferenza organizzata dall'università locale. Un posto molto romantico, zanzare a parte. Ero quasi sconvolto dalla semplicità delle analisi della Bundesbank ma ero anche molto impressionato da come riuscisse ad avere un impatto sull'opinione pubblica e a coagulare un solido consenso contro l'inflazione.

Ogni volta che un politico cadeva nella tentazione di auspicare qualche politica che avrebbe favorito l'inflazione, alla Bundesbank bastava ribadire la coerenza ai propri obiettivi monetari per arginare ogni slancio troppo espansivo. Tuttora il cancelliere tedesco, chiunque sia, non può permettersi di affrontare critiche esplicite da parte della Bundesbank.

10. L'università della mia vita

Quando sono diventato rettore della Bocconi, il 1° novembre 1989, ho temuto di dover rinunciare a gran parte di quella vita da economista che iniziava tanto a piacermi e per la quale devo molta gratitudine al mio mentore, Innocenzo Gasparini, che mi aveva preso sotto la sua ala e che era prematuramente scomparso quattro anni prima.

Avvertivo certo l'importanza della nuova carica, ma per assolvere a essa, d'altra parte, avrei dovuto sviluppare rapidamente altre attitudini che non avevo: capacità in senso lato di «governo», in particolare.

In retrospettiva devo riconoscere che quelle capacità – forgiatesi un po' per volta alla Bocconi in un ambiente non semplice ma tendenzialmente improntato alla lealtà e a un forte senso di appartenenza (anche se, va detto, con altrettanto forti e ben distinti sensi di appartenenza alle rispettive aree disciplinari) – mi sarebbero poi state di grande aiuto quando, lasciata l'*alma mater* in due occasioni, mi sarei dovuto cimentare nel governo di realtà più complesse e conflittuali, prima in Europa e poi in Italia.

Un'Europa che – ecco l'altra imprevedibilità, quella grande, della Storia – proprio in quei giorni era protagonista di eventi che avrebbero profondamente trasformato il nostro continente, nonché l'intero quadro geopolitico mondiale.

Il 9 novembre 1989 cadde il muro di Berlino. Senza che allora potessimo esserne ben consapevoli, anche la Bocconi – come l'Italia, l'Europa e il mondo intero – entrava in una fase nuova, che avrebbe in poco tempo radicalmente cambiato il contesto politico, culturale ed economico entro il quale la Bocconi si era sviluppata dal secondo dopoguerra.

La riunificazione della Germania, l'accelerazione del progetto europeo, la formazione del mercato unico, in vista di una moneta unica, il cammino verso la Ue dei Paesi al di là della «cortina di ferro» ormai dissolta, la disintegrazione dell'Unione Sovietica, l'Italia non più Paese di confine tra blocco sovietico e sistema euro-atlantico, i processi di liberalizzazione commerciale e finanziaria, la prospettiva di una più accesa competizione economica su scala globale, in un contesto di innovazione tecnologica in probabile accelerazione: come la scuola e come le altre università, la Bocconi era chiamata a una grande trasformazione.

Per me, rettore di fresca nomina – e, a quarantasei anni, il più giovane che la nostra istituzione avesse mai avuto –, il compito era arduo. Ma la Bocconi ha nel suo sistema di governance principi e disposizioni che permettono di adattare lo stile di governo alle esigenze dei tempi e alle diverse personalità chiamate nella squadra che guida l'università.

In tale leadership team, il rettore ha il compito più delicato: deve assicurare la leadership culturale e accademica, guidare l'impegno del corpo docente, far sì che l'università sia capace di attrarre i migliori professori e gli studenti con il più alto potenziale, innalzare la sua reputazione in Italia e nel mondo.

Il rettore non è solo, al vertice della Bocconi. A differenza di ciò che si riscontra tipicamente nelle università statali, il vertice è composto da tre figure: accanto a lui operano il presidente e il consigliere delegato. Se il consigliere delegato e il rettore lavorano in buona armonia – ed è uno dei compiti del presidente facilitare tale armonia, garantendo coerenza e unità di indirizzo tra chi incarna l'anima culturale, scientifica e didattica dell'università e chi sovraintende al suo funzionamento efficiente e alla gestione delle risorse – quest'ultimo può dedicarsi alla sua fondamentale missione con maggiore serenità e minore affanno.

A tale riguardo, non avrei potuto essere più fortunato. In Giovanni Spadolini, presidente della Bocconi, uomo di profonda cultura umanistica, politico sui generis – che fu tra l'altro direttore del «Corriere della Sera», senatore a vita, presidente del Consiglio, presidente del Senato –, tutti noi avevamo un riferimento sicuro, sapendolo garante dell'indipendenza della nostra università.

Molto saldo era il suo rapporto di stima reciproca con una personalità assai diversa e complementare a lui, Luigi Guatri, consigliere delegato, artefice del risanamento finanziario della Bocconi dopo anni difficili, nonché rettore dal 1984 al 1989.

Prendendo io la sua successione, potevo contare sulla grande esperienza dell'uomo-chiave della Bocconi che, dopo la scomparsa di Innocenzo Gasparini, doveva avere identificato in me la persona adatta ad assumerne il ruolo come interlocutore privilegiato dello stesso Guatri, in grado di rappresentare la visione degli economisti e delle sensibilità culturali della Bocconi diverse dagli economisti aziendali.

Come membro junior della squadra di governo potevo dunque fare affidamento, in caso di necessità, su due interlocutori autorevoli, il presidente Spadolini e il consigliere delegato Guatri, oltre che, voglio sottolinearlo, sulla valida collaborazione dei colleghi docenti e dello staff tecnico e amministrativo.

Il tempo eccezionale in cui il mio rettorato si svolse fin dall'inizio è testimoniato dal primo evento importante al quale partecipai come rettore, con l'emozione che il lettore potrà immaginare.

Come ho ricordato, il 9 novembre 1989 era caduto il muro di Berlino. Il primo dicembre il presidente dell'Unione Sovietica Michail Gorbaciov, nella sosta a Milano durante il viaggio che lo portava a Roma per lo storico incontro con papa Giovanni Paolo II, volle intrattenersi, al Castello Sforzesco, con una delegazione di imprenditori italiani, che gli interessavano per accrescere gli investimenti esteri nell'Urss, e con un gruppo di docenti della Bocconi, in riconoscimento dell'apporto dato dalla nostra Scuola di direzione aziendale alla formazione di dirigenti per l'economia sovietica riformata, attraverso la creazione a Leningrado, nel luglio 1989, in partnership con la locale università, di una business school: il Leningrad International Management Institute (Limi).

In quei primi anni Novanta si verificarono altri accadimenti che, pur non dipendendo da noi, ebbero un impatto non trascurabile sul sistema universitario milanese: da Mani pulite – che ebbe il suo epicentro nella nostra città e che determinò contraccolpi pesanti nella vita istituzionale, economica e civile di Milano – alla crisi economica internazionale.

Le implicazioni erano evidenti: faticava il placement dei laureati, le imprese contraevano i budget destinati alla formazione manageriale, le famiglie stentavano a sostenere i costi dell'istruzione universitaria, i governi riducevano gli stanziamenti per gli atenei e la ricerca.

La Bocconi aveva sofferto per molto tempo l'immagine di «università dei ricchi», riservata alle classi più abbienti e soprattutto milanesi. Il graduale cambio di percezione venne agevolato dalla scelta del consigliere delegato Luigi Guatri di introdurre fasce di contribuzione legate al reddito familiare, con un messaggio forte e chiaro: la nostra è un'università per chiunque abbia capacità, potenzialità e volontà, indipendentemente dalle condizioni della famiglia di origine.

Rispetto a quei tempi, oggi la Bocconi è una grande università, indicata come prima nell'Unione europea nei ranking sulla qualità della ricerca in campo sociale, economico e di management.

I metodi di governance sono molto evoluti ma si ispirano ancora ai criteri introdotti nel 1902 dai fondatori. Di importanza decisiva è associare sempre a energie fresche e innovative una continuità capace di evitare rotture e disorientamenti. Quando nel 2022, dopo cinque anni di rettorato e ventotto di presidenza, ho chiesto di poter lasciare la presidenza, sono stato rassicurato dal fatto di lasciare le maggiori responsabilità nelle mani di due personalità collaudate e complementari, Andrea Sironi alla presidenza e Francesco Billari al rettorato.

A mia volta sono stato lieto di accettare il compito, meno gravoso ma rilevante, di presiedere l'ente che sta a monte dell'Università, l'Istituto Javotte Bocconi, a fianco di Angelo Provasoli, che ne è consigliere delegato.

Riandando agli anni in cui fui rettore, ricordo che ebbi modo di incontrare (di nuovo) un personaggio che poi sarebbe stato determinante nel mio percorso successivo, Giorgio Napolitano, e anche di imparare qualcosa sui rapporti tra figure istituzionali di alto livello.

Napolitano l'avevo conosciuto negli anni Ottanta a casa del professor Luigi Spaventa, a Roma. Ordinario di Economia politica all'Università di Roma La Sapienza, per gli economisti della mia generazione, di una decina d'anni più giovani di lui, Spaventa rappresentava un punto di riferimento carismatico, molto autorevole sul piano sia scientifico sia civile, in particolare per la dignità con la quale aveva svolto due mandati in qualità di deputato indipendente eletto nelle liste del Pci.

Più keynesiano lui, piu einaudiano io, collaboratori rispettivamente della «Repubblica» e del «Corriere della Sera», eravamo entrambi molto attivi nei dibattiti sulla politica economica, nei quali ci univa un marcato orientamento all'integrazione europea.

Quella sera, a casa di Luigi e Claire Spaventa – una delle mie rare cene a Roma in quegli anni, ma anche nei decenni successivi – fui onorato di conoscere Giorgio e Clio Napolitano. Ricordo distintamente che l'onorevole Napolitano, pur affabile, mi incuteva fin da allora non poca soggezione.

Molto lontano dalla politica, ero però attratto dagli scambi di opinioni tra Napolitano, Spaventa e gli altri commensali sui temi politici del momento, così come sulle questioni sociali e sulle loro connessioni con le politiche economiche.

Mai avrei immaginato quella sera che, venticinque anni dopo, l'8 gennaio 2013, ci saremmo ritrovati vicini, Napolitano capo dello Stato e io capo del governo, a rendere l'estremo omaggio a Luigi al momento del funerale.

Negli anni successivi a quel nostro primo incontro in casa Spaventa, non ebbi più occasione di vedere Giorgio Napolitano. Ne seguivo da lontano il percorso politico, fino all'elezione a presidente della Camera dei deputati nel 1992. A quel punto mi interessai maggiormente alla sua attività, soprattutto per un motivo indiretto. Napolitano diventava «collega» del presidente del Senato Giovanni Spadolini, in quella carica dal 1987 e rieletto nel 1992, dopo essere stato nominato senatore a vita nel 1991.

Spadolini era anche, dal 1976, presidente dell'Università Bocconi. Quando nel 1989 ne divenni rettore, i contatti tra il presidente Spadolini e me si fecero molto frequenti.

Per essere in grado di partecipare consapevolmente alle intense e rotonde conversazioni con lui, non potevo non dimostrarmi al corrente delle posizioni e delle iniziative, spesso comuni con Spadolini, del presidente della Camera Napolitano.

Fu proprio in relazione a Napolitano che Spadolini mi rifilò l'unica solenne lavata di capo che ebbi nei cinque anni del mio rettorato. In un giorno del 1993 in cui Spadolini non era a Milano, ebbi notizia che il presidente della Camera Napolitano si trovava in città per alcuni impegni, tra i quali una visita alla comunità ebraica.

Siccome cercavo, quale rettore, di intensificare i rapporti della Bocconi non solo con il mondo delle imprese, ma anche con le istituzioni pubbliche, mi misi in contatto con la sua segreteria a Montecitorio e, nel caso il presidente fosse stato libero, lo invitai a pranzo alla Bocconi. Fui fortunato ed ebbi a pranzo Napolitano in una saletta privata del ristorante dell'università.

Fu una felice occasione per illustrare al presidente della Camera la realtà e i progetti della Bocconi, oltre che per scambiare opinioni sulla situazione economica e politica.

Non l'avessi mai fatto!

Nel pomeriggio telefonai con una punta di orgoglio a Spadolini, per riferirgli di quella che mi sembrava essere stata un'iniziativa opportuna e proficua. Il mio presidente, un presidente di grande valore per la Bocconi, che ricordo anche per i modi sempre squisiti con me prima e dopo di allora, montò su tutte le furie.

Come avevo potuto permettermi di intrattenere un rapporto con un'alta carica dello Stato, con il suo collega, addirittura osando invitarlo all'università, per di più in sua assenza!

Quando provai ad attenuare la gravità del mio misfatto, adducendo che dopo tutto il presidente Napolitano si trovava già a Milano per altri motivi, come la visita alla comunità ebraica, i fulmini divennero terribili saette. Spadolini era molto legato a quella comunità, che aveva coltivato con cura da moltissimi anni. E ora, d'un tratto, un altro grosso calibro della politica nazionale veniva a insidiarlo proprio in un suo «territorio» gelosamente custodito.

Come se non bastasse, quello sprovveduto d'un rettore aveva avuto l'ardire di invitare a pranzo, in casa del presidente insidiato, il presidente che si era macchiato del tentativo di insidiarlo.

Qualche giorno dopo, rimessomi dallo choc, giurai a me stesso di non dimenticare mai i due insegnamenti che trassi dall'increscioso episodio.

Primo: evidentemente incauto e del tutto sprovvisto di sensibilità, avrei fatto bene, come mi veniva ripetuto fin dall'infanzia, a «stare alla larga dalla politica». Secondo: in particolare, avrei dovuto tenermi lontano da un personaggio per il quale provavo rispetto e interesse, ma che, pur senza colpe, si era rivelato per me alquanto rischioso: Giorgio Napolitano.

4.
Governare in Europa

1. *Un governo* sui generis

L'Unione europea è in crisi. È in crisi per la propria debolezza, ma è in crisi anche per la propria audacia. È audace, è quasi temerario nel mondo di oggi, battersi per lo Stato di diritto, per sistemi democratici fondati sulla divisione dei poteri, sul rispetto dei diritti, sul rispetto delle generazioni future in termini – per esempio – di tutela dell'ambiente e del clima o evitando che esse siano gravate da enormi debiti pubblici generati da noi, loro genitori e nonni, da chi ha governato prima che nascessero.

Soprattutto è ambizioso l'obiettivo dell'Europa, tenacemente coltivato, di una governance condivisa che l'Europa sa praticare con il metodo di Jean Monnet, con la messa in comune progressiva di strumenti di governance, accanto allo sviluppo della cooperazione negli organismi multilaterali. E vorrebbe vedere applicata sempre di più nel mondo la governance multilaterale a livello mondiale e non la legge del più forte.

Portando la fiaccola di questi valori, l'Europa va sempre più controcorrente e dovrà integrarsi di più, unirsi meglio e rimediare alle proprie debolezze non solo per difendersi, ma per difendere e promuovere efficacemente nel mondo i propri valori, ai quali teniamo sempre di più via via che il culto verso di essi diventa scarso o combattuto.

Finora, solo in tre campi l'Unione europea, e in particolare la Commissione europea, è rispettata, creduta e, quando necessario, temuta nel mondo. E sono proprio i tre campi nei quali da tempo gli Stati membri hanno deciso di conferire poteri federali di decisione: il commercio internazionale, la concorrenza e la moneta.

Ma perché l'Europa vinca la propria debolezza e diventi sempre più forte per difendersi e per difendere i propri valori, io credo vada di molto riconsiderato l'atteggiamento degli Stati membri nei confronti della costruzione europea e delle decisioni europee.

Fino a qualche anno fa i capi di Stato e di governo andavano a Bruxelles per partecipare ai Consigli europei, portando ogni volta un proprio piccolo mattone per edificare una casa comune, nella convinzione che sarebbe stato interesse nazionale di ciascun Paese che rappresentavano vedere rafforzarsi questa casa comune.

Oggi è sempre più frequente, a quel massimo livello e poi al livello dei Consigli dei ministri, che i rappresentanti nazionali si rechino in tali sedi non portando il proprio mattone ma cercando, mentre sono lì, di togliere un mattone all'incompiuta costruzione comunitaria, disperati come sono – in questo senso è evoluta la modalità di esercizio delle politiche nazionali alle quali siamo pure tanto legati perché sono democratiche – di conquistare consenso.

Una volta si cercava il consenso per le prossime elezioni; se le prossime elezioni sono un po' lontane, oggi si cerca il consenso per il sondaggio che ci sarà la prossima settimana, che può essere decisivo per la tenuta di una leadership politica.

E l'interesse nazionale stesso è spesso trascurato in quelle sedi, perché gli si può anteporre l'interesse di un partito, di una coalizione o della presa di potere o della conservazione di potere di una personalità sul proprio partito. Per queste motivazioni un primo ministro britannico, David Cameron, ha deciso di entrare nella storia rischiando di disaggregare l'Unione europea e il suo stesso Paese.

Credo che l'Europa debba soprattutto guardarsi da questa tenaglia micidiale tra populismi – che chiamerei «nazionalismi» e «protezionismi», essendo «populismi» un termine troppo nobile – dal basso e non meno pericolosi populismi dall'alto.

Se pensiamo che oggi il rischio maggiore di fine dell'Europa viene dall'atteggiamento dei nazionalismi e dei governi nazionali, forse è arrivato il momento in cui occorre una riconquista dell'Europa da parte dei popoli, da parte di noi cittadini, che forse su questo tema dobbiamo diventare più esigenti nei confronti di chi governa e delle classi politiche degli Stati membri.

Un'Europa forte è la migliore arma di cui disponiamo contro quello sfaldamento della democrazia che in questo libro chiamo «demagonia». È una consapevolezza che ho maturato in una vita da italiano in Europa e da europeo in Italia.

La prima volta che ho lavorato per l'Europa non è

stato da commissario, ma da stagista. Stavo scrivendo la mia tesi alla Bocconi sulla politica economica europea. Ho visto che c'era la possibilità di candidarsi per un tirocinio presso la Commissione europea: all'epoca la Comunità europea aveva soltanto sei Stati membri.

Ho presentato la mia candidatura e sono stato accettato presso quella che allora era conosciuta come Dg II, la direzione generale per gli Affari economici e finanziari: il commissario responsabile era Robert Marjolin e il direttore generale Franco Bobba.

Il tirocinio è durato soltanto tre mesi, ma ha lasciato in me il seme di una passione che sarebbe durata per tutta la vita. Quando ho lasciato la Commissione dopo dieci anni come commissario nel novembre del 2004 erano passati esattamente quarant'anni dal giorno in cui ero entrato come stagista. Una bella coincidenza.

Arrivare a Bruxelles da commissario non era certo una tappa scontata nel mio percorso, nonostante quel precoce contatto con l'Europa da tirocinante. All'epoca, era il 1994, l'Italia era uno dei maggiori Stati membri e aveva due seggi nella Commissione.

Dopo le elezioni politiche del 1994, le prime dopo il grande sconvolgimento di Tangentopoli e Mani pulite, tra le prime decisioni che il nuovo presidente del Consiglio Silvio Berlusconi doveva prendere c'era proprio quella di indicare i nomi dei due commissari italiani.

Berlusconi, che aveva costruito quella prima fase della sua esperienza politica con un misto di dirigenti delle sue imprese e professori universitari, ha avanzato subito il mio nome in via informale a Bruxelles. Per il secondo commissario c'era una candidatura molto autorevole di Giorgio Napolitano, che era già stato presidente della Camera, ma alla fine la scelta cadde sulla radicale Emma Bonino.

A me era stata chiesta una disponibilità di massima per capire se ero disposto ad accettare un incarico di quel tipo pur non avendo alcuna affiliazione politica in Italia. Negli anni precedenti mi era stato chiesto alcune volte se candidarmi alle elezioni da questo o quel partito, o di prendere parte a qualche governo – anche se con responsabilità più periferiche –, tuttavia avevo declinato perché ero molto interessato a come si decidono le politiche pubbliche, ma per nulla appassionato alla politica di partito.

2. *Un'alta scuola di politica*

Diventare commissario europeo era la combinazione perfetta, perché sposava il mio interesse per l'azione pubblica senza la necessità di legarsi a una parte politica. Tanto che la mia nomina è poi avvenuta con il beneplacito dell'opposizione che, una volta al governo allo scadere del primo mandato, mi ha poi confermato per altri cinque anni a Bruxelles (il primo ministro di allora era Massimo D'Alema), nella Commissione guidata da Romano Prodi.

A questo proposito, mi viene da rievocare una frase del compianto Tommaso Padoa-Schioppa, un saggio monito che ho sempre tenuto presente: «La capacità di gestire una carica pubblica dipende molto da come uno è stato nominato».

Sono sempre stato molto attento a non legare la mia nomina – possibile o effettiva – a una carica pubblica a qualche logica di scambio di favori: se la nomina non è un favore personale concesso, non comporta poi l'obbligo di ricambiare.

Questo approccio ha forse contribuito a trovarmi per due volte a Bruxelles a gestire posizioni di grande potere ma con poche risorse da distribuire, come tipico degli incarichi relativi alla regolazione.

Esercitare bene queste funzioni significa necessariamente farsi dei nemici, quindi non sono ruoli molto ambiti da chi deve ricambiare qualche favore.

Verso la fine del mio primo mandato pensavo di aver avuto un'esperienza difficile ma complessivamente molto interessante come commissario al Mercato interno.

Certo, non era il campo che pensavo di conoscere meglio, da accademico mi occupavo di economia monetaria, ma il portafoglio degli Affari economici in quella fase sembrava precluso a chi veniva da un Paese ad alto debito e che non pareva in grado di essere tra i primi membri della moneta unica, allora ancora molto di là da venire.

Mi resi presto conto, comunque, che nell'azione di governo le capacità di leadership pesano ancor più della competenza specialistica su un portafoglio specifico.

Comunque, dopo cinque anni a Bruxelles all'inizio pensavo che fosse la fine di un ciclo, ma non mi piaceva come si era conclusa quella prima esperienza: la Commissione Santer si era dovuta dimettere dopo uno scontro con il Parlamento europeo e tra mille polemiche. Non mi sembrava un epilogo glorioso della mia esperienza europea, perciò feci sapere che sarei stato disponibile a un altro mandato da commissario.

Quando, fortunatamente per l'Italia e per l'Europa, Romano Prodi è stato nominato all'unanimità presidente della Commissione, ho pensato però che anche in caso di permanenza a Bruxelles mi sarebbe sicuramente toccato un portafoglio meno importante, visto che difficilmente un presidente italiano avrebbe osato indicare un connazionale per incarichi di primaria importanza.

Prodi invece ha fatto qualcosa che nessuno credeva potesse fare, ovvero dare quello che molti ritengono essere il portafoglio più importante della Commissione, la Concorrenza, a un altro italiano.

3. *L'economia sociale di mercato a livello europeo*

Ma facciamo un passo alla volta. Quando ho iniziato il mio primo mandato nel 1995, la consapevolezza dei vantaggi dell'integrazione dei mercati era decisamente debole. Dopo il grande sforzo legislativo della fine degli anni Ottanta e dell'inizio degli anni Novanta per la creazione del mercato unico, l'atmosfera era piuttosto cupa e il sentimento prevalente era la delusione.

Non è stato facile farlo risalire fra le priorità essenziali. Per diversi anni la rincorsa ai «criteri di Maastricht» ha completamente oscurato la necessità che l'Unione economica (la «E» nella sigla Uem, Unione economica e monetaria), e quindi l'apertura e integrazione dei mercati, fosse realizzata in quanto condizione indispensabile al successo della moneta unica.

Nei primi anni ho dovuto oppormi alle forti pressioni intese a reintrodurre ostacoli alle libertà sancite dai trattati a causa delle evoluzioni monetarie: la svalutazione di alcune monete nazionali (e in particolare della lira) aveva ridato fiato a posizioni protezionistiche che siamo riusciti a contenere con grande fatica.

Il primo passo significativo per ribaltare l'immagine allora deludente del mercato unico che allora intraprendemmo fu di procedere a un'indagine approfondita (durata due anni), settore per settore, sull'efficacia del mercato unico.

I risultati dell'indagine, pubblicati a fine 1996, per la prima volta hanno confermato in modo preciso e incontestabile che il mercato unico rappresentava uno strumento efficace per raggiungere quote più elevate in termini di crescita economica, competitività e occupazione.

Il rapporto ha anche messo in luce che i risultati positivi ottenuti grazie al mercato unico, malgrado la difficile congiuntura economica, sarebbero stati di gran lunga più marcati se tutta la legislazione comunitaria fosse stata pienamente applicata in tutti gli Stati membri.

Questo ci ha dato lo spunto per elaborare un piano d'azione con l'obiettivo di conseguire un corretto funzionamento del mercato unico entro il 1° gennaio 1999, data dell'introduzione dell'euro come unità di conto virtuale.

Il progetto, che il governo italiano ha appoggiato con convinzione, sia nel Consiglio dei ministri del mercato interno europeo, sia nel Consiglio europeo di Amsterdam del giugno 1997, si incentrava su quattro obiettivi strategici: rendere più efficaci le norme sul mercato unico, eliminare le principali distorsioni del mercato, eliminare gli ostacoli all'integrazione dei mercati, rendere effettivi per i cittadini i benefici del mercato unico.

Da allora, le linee guida della nostra azione sono state: meno regolamentazione, semplificazione, regolamentazione basata sulle esigenze concrete ed elaborata in collaborazione con i diretti interessati. Infine, ma forse dovrei dire innanzitutto, maggiore attenzione e intransigenza nell'applicazione effettiva delle norme, a vantaggio della credibilità del mercato unico e un po' di tutta la costruzione europea.

Ho cercato di riattivare un po' di entusiasmo creando una connessione con il progetto che in quella fase accendeva più entusiasmi, cioè la moneta unica. Ripetevo a tutti che per costruire un'Unione economica e monetaria non bastava la moneta, serviva anche la parte economica, cioè il mercato unico. L'euro sarebbe stato la ciliegina da apporre sulla torta di un'economia pienamente integrata.

Ho presentato alla Commissione e agli Stati membri il mercato unico per quello che poteva diventare e non per quello che era davvero in quel momento, cioè un elenco molto lungo e disparato di argomenti tra loro poco connessi. Il mio obiettivo era non solo lavorare per un mercato realmente unico, ma per un mercato che in quanto unico fosse più efficiente e che portasse maggiore concorrenza nelle economie nazionali. E infatti ho lavorato molto in raccordo con l'allora commissario alla Concorrenza, Karel Van Miert.

Abbiamo dovuto essere un po' creativi, per sfruttare anche le potenzialità meno evidenti dei pur limitati strumenti legali e politici che avevamo a disposizione per favorire l'evoluzione del mercato unico.

Per esempio, volevamo mettere un po' di pressione agli Stati nazionali perché facessero la loro parte nello sviluppare il mercato unico, cioè perché applicassero direttive e regolamenti.

Allora abbiamo usato l'approccio *name and shame*, le liste dei buoni e dei cattivi. La Commissione ha prodotto delle «tabelle di marcia», in pratica delle pagelle, che indicavano come si stavano comportando gli Stati membri.

Il dato globale che emergeva da quel monitoraggio era tutt'altro che rassicurante: il mercato unico esisteva solo per tre quarti, perché per il 25 per cento delle direttive comunitarie vi era almeno uno Stato membro che non aveva recepito la direttiva in questione (coefficiente di frammentazione).

Il deficit di trasposizione andava dal 3,2 per cento della Danimarca al 10,1 dell'Austria nel primo «quadro di valutazione» del 1997, mentre oggi va dall'1,3 per cento della Finlandia al 5,7 del Portogallo (ovviamente nell'intervallo di tempo il numero delle direttive da recepire è aumentato).

Oggi il coefficiente di direttive non recepito è sceso al 12,5 per cento (il che, ovviamente, non è ancora soddisfacente, ma è pur sempre un miglioramento). La vera differenza è che oggi tutti i governi sono sensibili alla pubblicazione di questi dati, perché capiscono che è in gioco l'immagine del proprio Paese in Europa.

Ma all'epoca non erano affatto entusiasti. La Germania per esempio si oppose in modo netto, ma a questa risposi che poiché era nelle prerogative della Commissione farlo, noi saremmo andati avanti comunque. E così nel 1997 arrivò la tabella di marcia per il percorso verso il mercato unico.

Un anno e mezzo dopo, il ministro tedesco che tanto si era arrabbiato mi ha poi detto: «Be', non era poi un'idea così cattiva quella della tabella sui progressi fatti, la troviamo molto utile per gestire i rapporti tra governo e Länder per spingerli a rispettare gli impegni per applicare la normativa europea».

Una delle consapevolezze maturate durante quel primo mandato da commissario è che se un'istituzione lascia un vuoto in termini di potere inutilizzato, quel potere viene poi utilizzato da qualcun altro, o semplicemente si perde un'occasione per ottenere risultati concreti.

Negli anni il concetto di «completamento» del mercato unico ha perso un po' di significato, in parte perché ormai siamo così abituati alle conquiste ottenute che risulta difficile immaginare il mondo precedente, ma anche perché l'innovazione tecnologica continua a creare nuovi settori e nuove sfide che richiedono un'azione costante di costruzione e tutela dello strumento del mercato unico.

All'epoca quella del mercato unico sembrava già una sfida impegnativa, ma il portafoglio che dovevo gestire era molto diversificato perché copriva non solo il mercato unico, ma anche una componente quasi separata che erano i servizi finanziari, e un campo diverso, sebbene correlato, che era la tassazione.

Nell'audizione alla quale è sottoposto ogni commissario dal Parlamento europeo – un esame severo che ne garantisce la legittimità democratica e che non ha eguali a livello nazionale – avevo spiegato che, essendo così ampio, il mio si configurava come «portafoglio delle libertà» visto che una sola persona si trovava a dover garantire la realizzazione delle quattro libertà di base: delle persone, dei beni, dei capitali, dei servizi e degli affari fiscali.

Più una quinta, non esplicitata ma per me altrettanto importante, la «libertà dalla disoccupazione» che sarebbe derivata dalla garanzia delle altre quattro e dalle opportunità create dal mercato unico.

Il primo ambito in cui ho sentito che avremmo dovuto pensare a un cambio radicale è stato proprio quello della tassazione, nonostante la Commissione più volte avesse tentato di occuparsene nel passato recente, ma senza successo.

Costruire un rapporto con i governi però non bastava. Anche se non ero un politico, ero circondato da persone che mi ricordavano la necessità di coinvolgere direttamente i cittadini europei. Così abbiamo lanciato una serie di iniziative, una si chiamava *Citoyens d'abord* – I cittadini prima di tutto – e aveva l'obiettivo di dimostrare che il mercato unico non era utile soltanto per le aziende e per le banche, ma anche per i privati cittadini. Abbiamo chiarito quali ostacoli si potevano rimuovere in molti campi di interesse generale, dallo spostamento dei lavoratori da un Paese all'altro ai matrimoni transfrontalieri.

L'intervento di gran lunga più visibile e che ha ottenuto l'eco maggiore è stato però quello operato sui duty-free. La creazione del mercato unico ha comportato l'eliminazione delle frontiere commerciali e fiscali, e ciò ha richiesto aggiustamenti da parte degli operatori dato che, nel breve termine, alcuni settori avrebbero potuto essere danneggiati.

Le vendite duty-free intracomunitarie non avrebbero più avuto senso, poiché i cittadini potevano viaggiare liberamente acquistando beni e servizi ovunque senza restrizioni, come in un singolo Paese. Perciò nel 1991 il Consiglio dei ministri aveva deciso all'unanimità di abolire i duty-free shop a seguito dell'instaurazione del sistema comune di tassazione indiretta e delle accise.

Tuttavia, per permettere l'aggiustamento del settore ed evitare impatti negativi sull'occupazione nella fase di transizione, era stato concesso un periodo transitorio di ben sette anni e mezzo (cioè fino al 30 giugno 1999).

Durante tale periodo transitorio, il Consiglio consentì agli Stati membri di applicare un'esenzione dall'Iva e dalle accise ai beni acquistati dai viaggiatori a bordo di traghetti, aerei e negli aeroporti, mentre vennero escluse fin da subito le vendite duty-free su treni o autobus.

In una certa misura si può comprendere che talvolta i diretti interessati cerchino di proteggere il proprio interesse, ma in quel caso ben presto si comprese che il vero obiettivo non era affatto ridurre i danni nella fase di applicazione delle nuove norme.

In quella che doveva essere una fase di transizione, il giro d'affari del duty-free esplose in modo esponenziale e le aziende del settore avviarono una campagna allora senza precedenti di comunicazione e lobbying nel tentativo di rovesciare una decisione già presa e mantenere le attività commerciali duty-free pienamente funzionanti per un tempo indefinito.

L'industria paventò scenari apocalittici come conseguenza dell'abolizione delle vendite: dal crollo dell'occupazione, con la perdita di 140.000 posti di lavoro (di cui 100.000 per gli addetti ai negozi), al fallimento di numerose linee di traghetto, fino all'aumento dei prezzi del trasporto aereo per effetto della diminuzione dei profitti garantiti dal duty-free (con riduzione della domanda di voli e conseguente impatto su crescita e occupazione). Per non parlare delle conseguenze negative direttamente sui cittadini che avrebbero perso l'opportunità di fare acquisti scontati in viaggio.

A volte i poteri pubblici (tanto nei governi che nei parlamenti) possono venire irretiti da interessi particolari contro l'interesse generale. Ma in quel caso la Commissione riuscì a resistere: raccogliemmo tutti i dati necessari, li analizzammo e riuscimmo a elaborare argomenti convincenti per sostenere la nostra posizione con i governi.

Spiegammo che le distorsioni della concorrenza creano danni, anche se non immediatamente visibili: l'esenzione fiscale era di fatto un aiuto di Stato pagato da tutti i contribuenti, anche quelli che non viaggiavano, e solo a vantaggio di certi tipi di trasporto (aereo, navale ed Eurotunnel). Abbiamo quindi dato voce alle organizzazioni del settore trasporti che non traevano alcun beneficio da quell'assetto ma, in quanto parte della collettività, ne subivano comunque il costo.

Inoltre, sottolineammo come più della metà del giro d'affari dei duty-free provenisse dalla vendita di tabacco e alcol, cioè proprio i due settori che gli Stati membri volevano tenere sotto controllo per scoraggiare consumi dannosi per la salute. Molte Ong sono state ricettive a questo argomento e lo hanno fatto proprio.

Anche le associazioni dei consumatori contribuirono a respingere gli argomenti dell'industria di riferimento, dimostrando che i prezzi praticati nei duty-free erano in realtà molto spesso superiori a quelli riscontrabili nei normali negozi.

Eurocommerce, l'organizzazione europea del commercio al dettaglio, si schierò contro l'esenzione fiscale di cui godevano i negozi duty-free, che tra l'altro già beneficiavano di una posizione di oligopolio, perché negli aeroporti lo spazio limitato riduce la concorrenza possibile e dunque consente di applicare prezzi più elevati di quelli a cui sono costretti gli altri negozi al dettaglio che subiscono, invece, una concorrenza molto maggiore.

Usammo anche l'argomento dell'evasione fiscale: un rapporto della Commissione del luglio 1996, infatti, dimostrava che il controllo dei limiti ai massimali d'acquisto nei duty-free non era mai stato davvero rispettato, a tutto danno degli Stati membri, che subivano così una perdita di gettito facilmente evitabile.

Al Consiglio europeo di Vienna dell'11 e 12 dicembre 1998 divenne ufficiale che non ci sarebbe stato alcun rinvio della fine del periodo transitorio per i duty-free intracomunitari, nonostante le apocalissi evocate dalle aziende del settore. Che infatti non si sono materializzate negli anni seguenti.

Gli stessi Paesi che nel 1991 non avevano avuto il coraggio politico di smantellare immediatamente un settore ormai anacronistico, erano diventati consapevoli dei benefici del mercato unico e avevano capito che era impensabile continuare a tollerare quelle forme di esenzioni fiscali e aiuti di Stato selettivi ingiustificabili e contraddittori con il progetto di una economia europea integrata.

Si trattava di un risultato politico rilevante e per nulla scontato. A sostegno dei duty-free c'era allora una coalizione molto potente che comprendeva Tony Blair, Gerhard Schroeder, Silvio Berlusconi, Jacques Chirac e José María Aznar, alla guida di Stati che avevano forti interessi nei negozi duty-free, a cui si erano aggiunti i primi ministri di Irlanda e dei Paesi scandinavi, interessati a tutelare il giro d'affari sui traghetti.

In Germania chiamavano *Butterfahrten* (letteralmente «crociere del burro») le brevi crociere di un giorno che permettevano ai passeggeri di navigare in acque internazionali e dunque di acquistare beni duty-free senza dover pagare tasse aggiuntive. Erano popolari all'epoca soprattutto tra persone anziane, che passavano la giornata in barca e consumavano molta birra: la madre di Schroeder le frequentava spesso, e forse anche per questo l'allora cancelliere tedesco si era mostrato molto sensibile alle esigenze del settore.

Le pressioni dunque erano molto forti, e non giungevano solo da governi, sindacati e associazioni di categoria, ma anche dalla piazza: ricordo ancora gli striscioni «Ecofin + Monti = 180.000 disoccupati».

I governi favorevoli alla proroga della sopravvivenza dei duty-free ebbero la loro ultima occasione in una riunione dell'Ecofin presieduta dall'allora ministro delle Finanze e futuro premier britannico Gordon Brown. Serviva l'unanimità per ribaltare la decisione del 1991 che prevedeva la fine dei duty-free intracomunitari al termine del periodo di transizione di sette anni e mezzo. Dopo un rapido giro di tavolo, Gordon Brown aveva concluso che c'era tra i ministri un consenso unanime per tenere in vita quei negozi che non pagavano tasse.

Io ero presente e avevo notato che, pur non esprimendosi a parole, la ministra delle Finanze danese e l'omologo ministro italiano, che era Carlo Azeglio Ciampi, sembravano scettici sulla decisione che si stava prendendo.

Quindi forse l'unanimità non c'era, ma bisognava renderlo esplicito, mentre Brown sembrava solo voler chiudere la discussione con l'esito favorevole alle priorità del Regno Unito e passare ad altro: «Okay, abbiamo deciso all'unanimità contro la proposta della Commissione», che, invece, era quella di mantenere la scadenza prevista per le attività duty-free al 1999.

Allora decisi di correre il rischio di intervenire: «Mi scusi, signor presidente, è davvero sicuro che ci sia l'unanimità, perché mi è parso di vedere che qualcuno non è d'accordo...». Danimarca e Italia a quel punto espressero la loro contrarietà: niente unanimità e niente proroga.

Quella sui duty-free è stata una battaglia concreta ma anche di principio, per dimostrare che tutelare l'interesse comunitario significava, in ultima analisi, tutelare l'interesse sia dei cittadini europei sia degli Stati membri. È stata anche una prova generale del genere di sfide che mi sarebbero toccate nel secondo mandato a Bruxelles, quello da commissario alla Concorrenza.

Certo era singolare che la vicenda più rilevante del mio mandato di commissario al Mercato unico riguardasse un campo, quello fiscale, nel quale la Commissione praticamente non aveva poteri sulla base dei trattati, a parte che sull'Iva e sulle accise.

Ma la vicenda dei duty-free ha rafforzato la mia convinzione che non fosse possibile costruire un mercato unico senza integrare tutto il resto, e senza una qualche forma di armonizzazione fiscale. Ma come convincere gli Stati a fare qualcosa che non volevano – cioè coordinare le loro politiche fiscali – e che io non avevo il potere di imporre?

L'approccio che ho sviluppato e promosso, prima con gli altri commissari e poi con i governi nazionali, doveva dunque essere laterale e all'epoca lo spiegavo così: «Non infastidiamo gli Stati membri parlando ogni giorno di armonizzazione fiscale – visto che nelle capitali la avvertono come un'espropriazione della loro sovranità –, parliamo piuttosto di "coordinamento fiscale" e lo presentiamo come un esercizio con cui la Commissione aiuta gli Stati membri a salvaguardare parte della loro sovranità fiscale cooperando, invece che vederla a repentaglio in una concorrenza fiscale tra Paesi che crea molti problemi a tutti».

La prima mossa è stata, un po' come nel caso dei duty-free, rendere evidente la portata del problema. E spiegare che la realizzazione di un mercato finanziario integrato a livello europeo richiedeva la progressiva eliminazione delle distorsioni di natura fiscale, così come nel commercio dei beni e servizi serviva una certa armonizzazione della fiscalità indiretta.

Già alla fine degli anni Ottanta la direttiva che liberalizzava il movimento dei capitali aveva impegnato gli Stati membri ad armonizzare la tassazione sul risparmio. Tuttavia, questo impegno era stato disatteso proprio a causa delle enormi difficoltà che impone il vincolo dell'unanimità per ogni decisione in materia fiscale.

Alla fine del 1996, in quanto commissario competente in materia fiscale, presentai un rapporto sui sistemi tributari nell'Ue, Com(96) 546, per segnalare come molte delle distorsioni sui mercati di capitali fossero causate dalla normativa fiscale.

Il rapporto evidenziava come diverse aliquote impositive, a parità di regolamentazione, favorissero il flusso di capitali e investimenti laddove la tassazione era minore o inesistente. Anche l'offerta transfrontaliera di prodotti finanziari era disincentivata dalle disparità fiscali.

L'esistenza di regimi preferenziali – aliquote ridotte o esenzioni – per i non residenti è all'origine di un'allocazione non efficiente delle risorse: essa avviene non sulla base della convenienza dell'investimento o dell'efficacia dell'intermediario finanziario, ma sulla possibilità di evadere le tasse.

La leva fiscale viene anche utilizzata al fine di favorire l'investimento dei residenti in determinati titoli nazionali incidendo altresì sulla libertà di movimento dei capitali. Attraverso questi strumenti il legislatore nazionale può, in effetti, condizionare la struttura del mercato oppure le tipologie di prodotti preferiti.

Il rapporto indicava anche che, a mano a mano che si procedeva nell'eliminare gli ostacoli regolamentari al mercato unico, quelli di natura fiscale acquistavano sempre più rilevanza. Con la moneta unica, inoltre, sarebbero venuti meno i rischi e i costi relativi al cambio, e quindi i flussi transfrontalieri sarebbero diventati più rilevanti.

Visto che al Consiglio era tutto bloccato da anni per le posizioni inconciliabili dei diversi Stati membri, serviva fare qualcosa fuori dalle normali procedure legislative per cercare di limitare le forme dannose di concorrenza fiscale, senza tuttavia armonizzare l'insieme delle regole fiscali.

4. *Coordinamento fiscale*

Il rapporto generò una certa attenzione anche sui media perché rendeva evidenti le conseguenze di una concorrenza fiscale volta a cercare di attrarre investimenti stranieri: lo spostamento del carico fiscale dal capitale al lavoro.

Dal rapporto si scopriva infatti che tra il 1980 e il 1994 l'aliquota media implicita sul lavoro dipendente è aumentata costantemente in Europa, passando dal

34,7 per cento al 40,5 per cento. Per gli altri fattori di produzione (capitale, lavoro autonomo, energia, risorse naturali) questa aliquota è scesa dal 44,1 per cento al 35,2 per cento.

L'aliquota sul consumo, in quel periodo, è invece rimasta sostanzialmente stabile, con un leggero aumento dal 31,1 per cento al 31,8 per cento. Anche su questo vi erano differenze significative tra i singoli Stati membri: quelli che avevano registrato i maggiori aumenti dell'aliquota implicita sul lavoro dipendente erano anche quelli in cui la crescita della pressione fiscale complessiva era stata più elevata.

La conclusione era che l'imposizione fiscale si stava spostando dal capitale (che è molto mobile) al lavoro (che invece lo è molto meno per motivi sociali e culturali) e questo veniva facilitato proprio dallo sviluppo delle attività economiche transfrontaliere all'interno dell'Unione. In altre parole, i capitali circolano ed eludono l'imposizione fiscale, i lavoratori pagano invece una porzione crescente delle entrate fiscali.

Sulla base di quel rapporto, proposi che ogni ministro delle Finanze designasse un rappresentante per formare un «Gruppo di politica fiscale» presieduto dalla Commissione: lavorammo così per un anno e mezzo e arrivammo a proposte che, alla fine, vennero adottate all'unanimità dai quindici Stati membri nel dicembre 1997.

In pratica spingemmo gli Stati membri a perseguire l'interesse nazionale a livello comunitario, invece di creare una contrapposizione tra interesse nazionale ed europeo. E tutto questo avvenne durante la presidenza di turno del Consiglio dell'Unione europea del Lussemburgo di Jean-Claude Juncker, lo Stato membro più specializzato nella competizione fiscale con gli altri.

Quell'accordo fu un segnale di speranza, dimostrammo che si potevano fare progressi nell'integrazione anche nelle aree in cui gli Stati membri avevano potere di veto ed erano molto determinati a proteggere le proprie prerogative. Ma serviva un metodo, e noi avevamo sviluppato quello dei «pacchetti».

Per fare un esempio: il Lussemburgo non voleva la tassazione sui risparmi che il Belgio voleva molto, ma il Lussemburgo voleva modificare una certa disciplina sui vantaggi fiscali dati dal Belgio alle multinazionali che stabilivano lì le loro sedi. Quindi, nell'accordo finale ogni Paese doveva trovare qualcosa di amaro e qualcosa di dolce. È stato laborioso, ma ha funzionato.

Ho fatto tesoro di quell'esperienza anche quando ho rivestito l'incarico di commissario alla Concorrenza, consapevole che si può ottenere molto anche là dove i trattati sembrano – a uno sguardo superficiale – molto rigidi e limitanti: ogni miglioramento nel coordinamento fiscale richiede l'unanimità – che non è un ostacolo insormontabile ma certo complica parecchio le cose – ma se argomenti che il dossier di interesse ricade sotto il controllo degli aiuti di Stato, allora i trattati garantiscono alla Commissione poteri molto maggiori.

Quindi io ho avuto la fortuna di operare nell'area nella quale la Commissione è più debole e dove ha meno poteri, quella della tassazione, ma con un approccio indiretto, cioè lavorando per rafforzare il mercato interno.

Al secondo mandato da commissario, invece, ho avuto modo di occuparmi di uno dei portafogli ai quali sono associati più poteri: quello della Concorrenza.

5. A che cosa serve la concorrenza

Già parecchi anni prima di assumere il portafoglio della Concorrenza della Commissione europea, in Italia mi ero trovato ad affrontare la questione del potere di certe aziende e di come questo si esercitasse ai danni dei consumatori.

Una prima occasione la ebbi come membro della Commissione Romani, incaricata di redigere il disegno di legge sulla concorrenza e per l'istituzione dell'Autorità garante della concorrenza e del mercato (Agcm) alla fine degli anni Ottanta.

L'Italia aveva accumulato un certo ritardo rispetto ad altri Stati membri nel dotarsi di una legge antitrust e di un'autorità antitrust – il primo Paese europeo a dotarsene era stata la Germania nel lontano 1958 – ma seppe recuperare il tempo perduto dando all'Agcm il potere di fare segnalazioni, anche pubbliche, a governo e Parlamento relativamente ad atti amministrativi e legislativi considerati lesivi della concorrenza. Negli anni l'Autorità della concorrenza italiana si è conquistata, e ha mantenuto così, una credibilità e un prestigio internazionali.

Sono convinto che la tutela degli interessi del consumatore si può esercitare in modo efficace nel connubio tra il mercato e la concorrenza. Certo, non deve trattarsi di fenomenologia della giungla, ma di un'economia di mercato caratterizzata da poteri pubblici competenti e indipendenti, in grado di prevenire o comunque sanzionare le distorsioni indotte da comportamenti lesivi dei principi di fair competition, dai cartelli all'abuso di posizione dominante.

Se esistono cartelli, o accordi restrittivi della concorrenza, il consumatore ha un danno immediato di cui non è consapevole finché il cartello non venga scoperto, fatto cessare, sanzionato: questa è un'attività tipica delle autorità nazionali di concorrenza e dell'Autorità europea della concorrenza presso la Commissione europea.

Altrettanto avviene nel caso di abusi di posizione dominante: ci sono danni per i consumatori e spesso l'abuso di posizione dominante può prendere la forma insidiosa di beneficio apparente immediato per i consumatori, per poi rivelarsi penalizzante per tutti nel più lungo periodo perché scoraggia l'innovazione.

Questo è stato uno degli argomenti che abbiamo usato nell'ambito della Commissione europea e che è poi stato riconosciuto come valido dalla Corte di giustizia europea nel caso Microsoft.

Chi agisce per creare un mercato integrato e per creare e mantenere in esso un regime di concorrenza, tende a seguire un criterio di «consumer welfare», guardando essenzialmente all'interesse dei consumatori.

Dopo la crisi finanziaria del 2008, si è invece manifestato una sorta di soprassalto di un criterio che in passato non era mai stato formulato e teorizzato e che potremmo chiamare «producer welfare», indicando con tale espressione che è più importante mantenere in vita ciò che esiste piuttosto che lavorare per il futuro dell'economia e per la tutela di consumatori lasciando «schumpeterianamente» che giochi la distruzione creatrice e che certe attività vengano dismesse a vantaggio di attività più innovative.

Per fortuna questa teorizzazione di una concorrenza a marcia indietro ha avuto vita breve, anche per merito delle nuove leadership delle autorità antitrust statunitensi che sono tornate a un atteggiamento più vigoroso in materia.

Le autorità statunitensi – durante la presidenza Obama prima e con l'amministrazione Biden poi – hanno mostrato tra l'altro, dando rilievo ad analisi storiche, come durante i primi anni della Grande Depressione degli anni Trenta l'avere sospeso il funzionamento delle leggi antitrust e anzi l'avere promosso accordi tra imprese e cartelli per tentare di aiutarle contribuì molto a rendere la depressione più grave e perdurante.

Qualche anno dopo l'antitrust cambiò il proprio orientamento e gli storici dell'economia sostengono che questo contribuì all'uscita dalla Grande Depressione.

Penso perciò che anche in periodi di crisi la tutela dei consumatori, soprattutto attraverso gli strumenti forniti dal mercato unico e tramite la politica per la concorrenza, debba costituire il principale innesco politico per l'unica, vera via di uscita dalle crisi che è quella della crescita economica e dello sviluppo.

In questo senso credo che la tutela del consumatore rispetto ai danni subiti da chi viola le norme sulla concorrenza debba essere non solo mantenuta ma, anzi, accresciuta.

Non è dunque certo il momento per farsi prendere da tentazioni di arcaica conservazione di tutto ciò che esiste; è invece il momento di ravvivare le tutele sociali della transizione, ma la transizione tra attività decadenti e nuove attività va promossa più che mai.

6. *Aiuti di Stato: le Landesbanken tedesche*

Uno dei primi dossier sui quali, da commissario alla Concorrenza, ho messo in pratica queste convinzioni è stato quello delle Landesbanken, uno dei punti cruciali del sistema finanziario tedesco e anche dei più delicati, visto il loro peso politico. Le Landesbanken, infatti, sono banche di diritto pubblico che appartengono ai Länder, gli Stati di cui si compone la Repubblica federale tedesca.

Alla fine degli anni Novanta, diversi Länder prevedevano per legge garanzie illimitate di Stato per sostenere gli enti di credito pubblici nel loro funzionamento economico, un modo per favorire le casse di risparmio e altri speciali enti di credito regionali. Anche le leggi federali garantivano lo stesso privilegio a enti di credito federali.

Queste garanzie pubbliche illimitate sollevavano preoccupazioni a livello europeo già da diversi anni, perché la disparità di trattamento tra banche private e banche pubbliche poteva costituire aiuto di Stato. Ma l'applicabilità del diritto comunitario a questa fattispecie di aiuto generava dubbi di interpretazione, e in Germania tale regime era considerato intoccabile, quasi fosse parte della costituzione economica nazionale.

In effetti le Landesbanken rappresentano un pilastro di antica tradizione del sistema bancario tedesco e detengono una parte maggioritaria del mercato della gestione del credito in Germania. Sono una tipologia particolare propria al panorama bancario tedesco, con finalità di sviluppo del credito regionale e di promozione dell'economia locale, e del tutto unica al mondo.

L'attenzione dell'Autorità di concorrenza comunitaria (ai tempi del commissario alla Concorrenza Van Miert) aveva già sollevato grande clamore in Germania, originando tensioni e veementi reazioni anche da parte dell'opinione pubblica, come se si pretendesse di rivoluzionare il sistema economico nazionale.

Di conseguenza la questione coinvolse il Consiglio europeo per poi arrivare addirittura alla Conferenza intergovernativa per la riforma dei trattati.

Il 18 giugno del 1997, su richiesta del governo tedesco e dopo un intenso negoziato, venne adottata ad Amsterdam la cosiddetta «Dichiarazione sugli istituti di credito in Germania», dove si legge: «La conferenza prende nota del parere della Commissione secondo il quale le attuali regole di concorrenza della Comunità consentono di prendere pienamente in considerazione i servizi di interesse economico generale che sono prestati in Germania dagli enti creditizi di diritto pubblico, come pure le agevolazioni che sono loro concesse per compensare gli oneri connessi con tali servizi».

Ogni Stato membro, e quindi anche la Germania, secondo la «Dichiarazione» poteva quindi mettere a disposizione delle regioni e delle autorità locali delle agevolazioni per garantire «una struttura finanziaria efficace e che ricomprenda l'insieme del territorio».

Quelle agevolazioni, però, non dovevano ledere «le condizioni di concorrenza in una misura che vada al di là di quanto necessario per l'adempimento di tali compiti specifici e che sia in contrasto con gli interessi della Comunità». Una formulazione un po' troppo generale e che andava poi declinata caso per caso in termini di politica della concorrenza.

Per fare chiarezza, nel novembre 1999 da commissario ho pubblicato una comunicazione di carattere generale in cui veniva sintetizzata la nostra valutazione rispetto agli aiuti di Stato sotto forma di garanzie di Stato, esaminando ogni tipologia esistente e specificando quando e come si potesse ipotizzare una forma di aiuto (che in certi casi può anche essere ritenuto compatibile con il mercato unico), indicando altresì la procedura di notifica e di trattamento (diversa se si tratta di un «nuovo aiuto» oppure di un «aiuto esistente»).

Poco dopo quella comunicazione, la Federazione delle banche europee presentò un reclamo alla Commissione contro questi regimi (*Anstaltslast* e *Gewährträgerhaftung*, da tradursi rispettivamente con «responsabilità della proprietà pubblica nell'assicurare la viabilità economica dell'ente» e «obbligo di garanzia illimitata»).

Su questa base, e dopo un'accurata analisi economica, il 26 gennaio 2001, la direzione generale della Concorrenza inviò una lettera alle autorità tedesche informandole che considerava aiuti di Stato, incompatibili con il diritto comunitario, le garanzie illimitate a favore degli istituti di credito di diritto pubblico tedeschi, nella misura in cui incidevano sulla posizione concorrenziale degli istituti e sugli scambi tra Stati membri.

Lo scopo dell'intervento, lo chiarii fin da subito e in più occasioni, non era mettere in discussione la struttura proprietaria delle banche pubbliche tedesche. Quello che doveva essere sanato era la distorsione della concorrenza derivante dalle garanzie statali, illimitate sia nella durata sia nell'importo e previste gratuitamente.

Non si potevano accettare in Europa distorsioni di concorrenza in base alla natura privata o pubblica dell'ente. Tali aiuti, in ultima analisi, non erano neppure nell'interesse dei beneficiari: proteggere le banche locali dalle pressioni del mercato che altri attori dovevano affrontare avrebbe potuto, a lungo termine, indebolire le loro strutture e la loro posizione competitiva.

Le garanzie pubbliche illimitate influivano eccome

sulla situazione concorrenziale degli istituti finanziari interessati: miglioravano la loro solvibilità e di conseguenza anche le condizioni di finanziamento, perché i creditori chiedevano un premio di rischio più basso.

Infine, argomentava l'analisi della Commissione, le garanzie non sembravano rappresentare una compensazione per la fornitura di servizi di interesse economico generale: non c'erano infatti definizioni precise riguardo ai servizi specifici da affidare agli istituti di credito di diritto pubblico in Germania. Inoltre, non venivano mai calcolati i costi di tali servizi e pertanto non era possibile verificare la proporzionalità di un'eventuale compensazione.

Su queste basi si è quindi aperto un periodo di intensa trattativa con le autorità tedesche per cercare di trovare la soluzione.

L'8 maggio 2001 la Commissione decise le misure opportune al fine di adeguare il regime di aiuti alle condizioni poste dalle regole comunitarie sugli aiuti di Stato e le comunicò alla Germania. In casi come questo, se lo Stato membro accetta le misure proposte, non è necessaria alcuna ulteriore azione da parte della Commissione, dato che si tratta di un «aiuto esistente» e quindi non è dovuto nessun rimborso dell'aiuto concesso. Il 27 marzo 2002 la Repubblica Federale di Germania accettò la proposta della Commissione, modificò il sistema e il caso venne chiuso.

7. Fusioni: General Electric/Honeywell

Altre battaglie sono state ancora più complesse. La Commissione ha il compito di tutelare la concorrenza all'interno dell'Unione europea, non importa che a insidiarla siano imprese europee o extraeuropee. E nel mio mandato da commissario alla Concorrenza le vicende più significative hanno riguardato due grandi imprese americane.

Il 3 luglio 2001, la Commissione europea comunicò la decisione di vietare l'acquisizione di Honeywell da parte di General Electric, dopo una indagine approfondita sul settore dei motori per aerei e, in generale, sulla componentistica avionica.

La fusione, per come ci era stata presentata, avrebbe ridotto notevolmente la competizione nel settore dell'aerospazio e avrebbe finito per determinare prezzi più alti per i vettori del trasporto aereo, che si sarebbero tradotti in prezzi più alti per i consumatori.

Le due aziende avrebbero potuto ugualmente procedere con la fusione, ma solo se avessero adottato alcuni dei rimedi indicati per evitare tale impatto negativo sulla concorrenza, e preferirono non farlo.

In quella fase la Commissione europea aveva lavorato a stretto contatto con il dipartimento di Giustizia americano (DoJ), ma eravamo arrivati a conclusioni opposte: per gli americani la fusione non aveva problemi, per noi sì.

Per quanto questo sia un esito spiacevole, ogni autorità è chiamata a dare la propria valutazione indipendente e il rischio che ci sia un dissenso non si può certo escludere a priori, altrimenti vorrebbe dire che l'analisi ha un esito già scritto.

Una delle accuse mosse alla Commissione fu che si trattasse di una decisione di natura politica, perché evitava la nascita di un campione americano nel settore che avrebbe penalizzato i concorrenti europei.

Ma l'analisi della Commissione era tecnica, non politica, e se è arrivata a conclusioni diverse rispetto al dipartimento di Giustizia statunitense è perché stimare gli effetti di una fusione non è facile e richiede una serie di ipotesi di partenza, di modelli previsionali e di valutazioni sulle possibili conseguenze future che possono essere svolti in modi molto diversi.

GE e Honeywell avevano notificato alla Commissione l'intenzione di fondersi il 5 febbraio di quell'anno, il 2001, che poi sarebbe stato ricordato per l'attacco alle Torri Gemelle, ma noi non potevamo ancora saperlo. L'economia americana si stava riprendendo dallo scoppio della bolla di Internet e complessivamente godeva di buona salute.

La Commissione già allora aveva l'autorità per pronunciarsi sulle fusioni, le acquisizioni e le scalate ostili o altri tipi di accordi che coinvolgessero aziende con un fatturato cumulato di almeno 5 miliardi di euro e vendite in Europa per almeno 250 milioni.

GE era un'azienda attiva in così tanti settori che sarebbe praticamente impossibile elencarli tutti, ma tra questi c'era quello dei motori jet per grandi aeromobili commerciali e a corto raggio, nel quale aveva una posizione di forza. Questo dato, combinato con la forza finanziaria e l'integrazione verticale di GE nel leasing di aerei, contribuiva a determinare una pericolosa posizione dominante.

L'indagine della Commissione aveva poi dimostrato che Honeywell era uno dei principali fornitori di componenti cruciali nel settore, come i motori di alcuni jet e gli starter di accensione, essenziali nella costruzione dei motori.

Combinare le attività delle due aziende avrebbe determinato una posizione dominante nei mercati di fornitura della avionica, di altri componenti e dei jet privati, oltre a rafforzare la posizione dominante di GE nei motori di jet a corto raggio e commerciali.

Questa supremazia si sarebbe rafforzata grazie alla sovrapposizione di attività tra GE e Honeywell in più settori, potendo poi contare sulla forza finanziaria del gruppo. E questo avrebbe avuto l'effetto di ridurre la concorrenza, scoraggiare l'accesso di nuovi entranti nei mercati coinvolti, con impatti negativi sulla qualità del prodotto e sui prezzi per i consumatori.

A giugno 2001, GE aveva proposto alcuni interventi correttivi per rispondere alle contestazioni della Commissione, ma non erano stati considerati sufficienti. Era solo la quindicesima volta, dal 1990, che la Commissione bocciava una operazione di quel tipo.

L'amministratore delegato di GE, Jack Welch, era un personaggio dalla notevole personalità, soprattutto quando si arrabbiava. Alla prima riunione tra la sua delegazione e la nostra aveva cercato di creare un clima informale. Diceva a tutti «Call me Jack», chiamatemi Jack.

Quando io l'ho chiamato invece «Mister Welch» lui ha provato a insistere: «Can I call you Mario?», posso chiamarti Mario? Gli ho spiegato che mi avrebbe fatto piacere, «ma soltanto quando il caso sarà chiuso». Prima sarebbe inappropriato.

Dopo l'ultimo incontro avevo lasciato un piccolo spiraglio negoziale, se GE avesse accettato alcuni rimedi, avremmo autorizzato la fusione. Ci siamo lasciati con l'impegno di meditarci durante la notte.

La mattina dopo Welch mi ha chiamato e ha detto che non erano disposti a modificare la posizione, e poiché neanche noi eravamo disposti a cedere, la fusione saltava. Prima di salutarci, gli ho detto: «Adesso può chiamarmi Mario, anche se forse non sarà più interessato».

Gli americani non presero bene lo stop all'operazione, perché da anni ormai negli Stati Uniti le fusioni venivano sempre autorizzate, nella convinzione che aziende più grandi portassero maggiore efficienza e quindi, potenzialmente, prezzi più bassi per il consumatore, che veniva preso come la sola unità di misura rilevante per giudicare le conseguenze economiche di una concentrazione aziendale.

Come ha reso evidente quella decisione, invece, in Europa il controllo antitrust non ha l'obiettivo di proteggere i concorrenti dalla nascita di un gruppo più grande, che potrebbe metterli in difficoltà, bensì di assicurare che il mercato rimanga sufficientemente competitivo da permettere ai consumatori di avere sempre un minimo di scelta e prezzi competitivi, oltre che per favorire l'innovazione, sempre scoraggiata dai monopoli.

«Sotto la guida di Monti come commissario alla Concorrenza, lui e la sua task force che si occupa di fusioni sono diventati i simboli più evidenti di qualcosa che possiamo chiamare "Europa"», scriveva a luglio 2001 il «Wall Street Journal» in un articolo che riconosceva la differenza di prospettiva tra Stati Uniti e Ue e arrivava a definire i tentativi della Commissione di prevenire abusi di posizione dominante qualcosa di analogo alla pianificazione statale in economia di matrice sovietica.

Anche se le autorità americane avevano una prospettiva diversa, dopo la bocciatura della fusione da parte della Commissione, le due aziende decisero di non procedere con l'operazione anche se negli Stati Uniti era già stata autorizzata. Fuori dal mercato europeo le due aziende avrebbero comunque potuto fondersi, ma senza il mercato europeo la fusione non aveva più senso economico.

Come la Commissione avrebbe poi reso evidente, anche in anni più recenti con la commissaria Margrethe Vestager, il problema per Bruxelles non sono soltanto le fusioni, ma più in generale tutti i comportamenti sospetti di danneggiare il consumatore attraverso pratiche restrittive della concorrenza, come le collusioni tra concorrenti o l'abuso di posizione dominante, anche se questa dovesse essere stata conquistata in modo pienamente legittimo perché l'azienda si è dimostrata più competitiva di quelle concorrenti.

All'inizio degli anni Duemila e per un certo periodo di tempo, le decisioni della Commissione in materia di concorrenza sono state spesso criticate e accusate di essere «protezioniste», cioè con l'obiettivo di tutelare non il mercato ma la posizione delle aziende europee, minacciate dal rafforzarsi di concorrenti extra-Ue, soprattutto se americani.

Queste critiche sono gradualmente scemate perché la Commissione ha dimostrato di essere altrettanto severa quando i progetti di fusione o le pratiche potenzialmente anticoncorrenziali riguardavano aziende europee, o addirittura governi europei, quando si è trattato di contestare aiuti di Stato.

8. Abusi di posizione dominante: Microsoft

Talvolta le decisioni in materia di antitrust sono state contestate dai destinatari e si è dovuta pronunciare la Corte di giustizia. Ma nei casi di più alto profilo i giudici hanno sempre dato ragione alla Commissione. Tra questi proprio quello riguardante General Electric e, come vedremo, Microsoft.

Purtroppo, non in tutti i campi di azione la Commissione riesce a essere così incisiva. Ma la concorrenza è diversa dagli altri: in questo ambito la Commissione è sì soggetta al controllo giurisdizionale della Corte europea di giustizia, ma ha autonomia di azione senza dover passare al vaglio dei governi nazionali.

Questo significa che le grandi aziende multinazionali come ieri Microsoft e oggi Google, Apple o Meta non possono mettere un governo contro l'altro, esercitando tutta la loro capacità di persuasione e di lobbying.

Hanno infatti una sola controparte: la Commissione, che nel campo dell'antitrust si muove seguendo poche regole semplici ed esercitando il necessario margine di discrezionalità nell'interpretarle, come è inevitabile che sia, visto che i mercati – soprattutto quando si tratta di servizi digitali – si evolvono molto più rapidamente della normativa.

Un conto sono i poteri garantiti sulla carta dai trattati, un altro il modo nei quali vengono poi usati.

Ai tempi del caso Microsoft divenne evidente a tutti, in particolare alle aziende americane, che i poteri della Commissione non sono soltanto formali, bensì sono strumenti preziosi per quell'approccio che in questo libro definisco di «governo rigoroso», nel senso di efficace nell'esercitare i poteri disponibili per raggiungere gli obiettivi strategici previsti dal mandato, anche se nell'immediato si possono pagare dei costi in termini di popolarità e magari anche mettere a rischio la propria carriera.

Nel 2000, poco dopo la mia nomina a commissario

alla Concorrenza, l'«Economist» pubblicò un profilo intitolato «Super Mario», un soprannome che in quel momento suonava più come un auspicio che come un riconoscimento. Perché i risultati ancora non erano arrivati, e l'«Economist» non se li aspettava: «Il commissario alla Concorrenza, Mario Monti, vuole ottenere quanto più possibile usando i suoi considerevoli poteri: ha idee ma gli mancano le risorse per realizzarle».

Nell'articolo poi, la previsione era che il mandato sarebbe stato caratterizzato da una sfida ai sussidi statali, «ma Monti» si leggeva «non ha lo stesso entusiasmo del suo predecessore Karel Van Miert per combattere le grandi imprese». E invece è proprio per lo scontro con una delle imprese più grandi del mondo, Microsoft, che quegli anni sarebbero stati ricordati.

Ed è da quella vicenda che ho imparato di più, anche su come garantire quel tipo di scelte chiare, nette, magari divisive, ma efficaci, che permettono di conservare fiducia nella capacità di un sistema democratico di rispondere alle esigenze dei cittadini.

L'annuncio della nostra decisione su Microsoft arrivò il 24 marzo 2004, dopo cinque anni di indagini: la posizione della Commissione era che Microsoft avesse violato le leggi europee sulla concorrenza e avesse approfittato del suo quasi-monopolio nel mercato dei sistemi operativi, cioè Windows, per rafforzarsi anche su altri mercati, in particolare quello dei media player.

Nell'età dello streaming, di Youtube e di Spotify, forse si è già persa la memoria del mondo di prima, quando i file multimediali venivano fruiti soprattutto sul proprio pc, e non direttamente online. All'epoca, quasi tutti per ascoltare musica o guardare video usavano Windows Media Player. E lo usavano perché lo trovavano già installato nei propri personal computer con sistema operativo Windows.

La mia posizione era semplice, per quanto non condivisa da gran parte della cultura antitrust americana: le aziende dominanti in un certo mercato hanno una responsabilità particolare nell'assicurare che il loro modo di fare business non impedisca la concorrenza e non danneggi i consumatori o l'innovazione.

L'obiettivo della decisione su Microsoft andava al di là della singola vicenda industriale. Volevamo anche ripristinare le condizioni per una competizione equa e corretta nei mercati coinvolti e soprattutto stabilire principi molto chiari per la condotta futura di aziende con una posizione dominante nel proprio settore.

A posteriori, la rilevanza della vicenda Microsoft è stata proprio questa, cioè aver fissato un modo europeo di gestire l'ascesa di aziende che nel digitale si sarebbero trovate presto monopoliste, o quasi, nei loro settori. E infatti, molti anni dopo, gli stessi principi sanciti dall'azione contro Microsoft verranno fatti valere dalla commissaria Vestager contro Google.

Vent'anni fa, però, i giornali – e i vertici di Microsoft – si concentrarono soprattutto sull'entità della multa, senza precedenti, di 497,2 milioni di euro, e molto meno sui rimedi richiesti a Microsoft per ripristinare la concorrenza.

La vicenda era cominciata nel 1998 con l'azienda americana Sun Microsystems che lamentava il fatto che Microsoft rifiutasse di fornire le informazioni necessarie perché Sun potesse sviluppare prodotti compatibili con Windows, cioè il sistema operativo più diffuso al mondo e presente in quasi tutti i pc in commercio. I server di Sun non riuscivano a interagire bene con Windows, come conseguenza di una serie di impostazioni decise da Microsoft.

L'indagine della Commissione presto scoprì che il caso di Sun non era isolato, ma che Microsoft precludeva in modo sistematico l'accesso a informazioni che avrebbero permesso a società terze di sviluppare prodotti in concorrenza con i propri.

Perfino i dati forniti da Microsoft nella sua documentazione difensiva confermavano che la scarsa interoperabilità tra Windows e altri prodotti esterni era una delle ragioni per le quali i consumatori preferivano in modo così massiccio i prodotti Microsoft.

Dal 2000, quindi, la Commissione si concentrò sul caso di Windows Media Player: il legame indissolubile tra Media Player e il sistema operativo riduceva ogni incentivo all'innovazione, perché i produttori di contenuti – dalla musica ai film – non avevano grandi ragioni per cercare di rendere i propri prodotti compatibili anche con altri software di riproduzione, concorrenti a quello Microsoft, che difficilmente sarebbero riusciti a raggiungere i clienti finali.

Più in generale, la Commissione si era fatta l'idea che il modo in cui Microsoft preveniva la nascita di concorrenti al suo Media Player fosse indicativo di una precisa strategia aziendale di sfruttare la posizione dominante nei sistemi operativi per prevenire ogni possibile competizione anche in molti altri settori di attività.

La Commissione, nell'ambito dei suoi poteri, poteva sanzionare con multe fino al 10 per cento del fatturato globale dell'azienda e prescrivere azioni correttive per ripristinare la concorrenza (la soglia massima quindi sarebbe stata intorno ai 3 miliardi di euro), cosa che venne fatta.

E Microsoft esercitò il suo diritto di contestare la decisione davanti alla Corte di prima istanza in Lussemburgo.

La decisione della Commissione può sembrare una scelta eccezionale, ma il problema dell'abuso di posizione dominante da parte di Microsoft si trascinava da anni. Negli Stati Uniti il dipartimento di Giustizia aveva contestato a Microsoft di imporre l'uso del suo browser Internet Explorer per navigare in rete, ai danni del concorrente Netscape, penalizzato dal non essere integrato automaticamente nel pacchetto Windows.

Dopo un'aspra battaglia legale, una sentenza aveva addirittura stabilito lo sdoppiamento dell'azienda, con la separazione della parte che costruiva e vendeva il sistema operativo da quella che sviluppava le applicazioni.

Il cambio di amministrazione – da Clinton a Bush – aveva portato una nuova atmosfera nell'antitrust americano, e la decisione era stata rivista in modo molto più favorevole a Microsoft. Niente sdoppiamento dell'azienda, soltanto la possibilità per i produttori di pc di dotarli di browser diversi da Internet Explorer.

Microsoft aveva impostato una strategia negoziale con la Commissione, che aveva uno scopo esplicito: arrivare a un accordo che evitasse la sanzione e il successivo, inevitabile, contenzioso legale.

Negli ultimi giorni prima del verdetto, l'amministratore delegato Steve Ballmer si era spinto a quella che per lui era una offerta audace: ospitare i media player dei concorrenti su Windows e condividere con gli sviluppatori di future applicazioni molte più informazioni.

Come osservava all'epoca il «Financial Times», «Microsoft era pronta a concessioni di gran lunga maggiori rispetto a quanto avesse mai consentito alle autorità antitrust negli Stati Uniti o altrove».

Era un'offerta allettante. In termini di «orgoglio istituzionale», diciamo così, per la Commissione sarebbe stata una vittoria da poter sbandierare. Però, da economista, c'era un punto che non veniva affrontato nell'accordo: i comportamenti futuri.

Dopo un accordo sui media player, Microsoft avrebbe davvero cambiato strategia o il problematico modo in cui abusava della propria posizione dominante per ostacolare innovazioni potenzialmente concorrenziali si sarebbe riproposto su ognuno dei nuovi mercati digitali?

La soluzione a basso rischio, quella che avrebbe comportato applausi da tutta la stampa, dai governi nazionali e perfino dal mondo delle imprese, sarebbe stata accettare l'accordo proposto da Ballmer e Microsoft.

Non una critica si sarebbe levata: anche con l'accordo, la Commissione, e nello specifico il commissario alla Concorrenza, avrebbe potuto vantare il suo più significativo successo in materia di tutela della concorrenza.

Avremmo affermato che i nostri principi potevano reggere anche di fronte a una potente multinazionale americana, il tutto senza compromettere i rapporti transatlantici in materia commerciale, che sono sempre delicati con gli Stati Uniti. Ma quanto sarebbe durata quella vittoria?

Con la squadra di collaboratori della Concorrenza soppesammo ogni aspetto di una decisione che, in un senso o nell'altro, avrebbe cambiato il corso dell'antitrust europeo e anche l'evoluzione dei suoi mercati digitali.

Ci convincemmo che soltanto una decisione netta, che affrontasse il problema centrale – cioè l'abuso di posizione dominante di Microsoft – e non soltanto la sua manifestazione contingente (i rapporti con servizi di riproduzione audio-video concorrenti), sarebbe stata coerente con l'esercizio del nostro mandato. E con la difesa del mercato unico.

La scelta di rifiutare l'accordo comportava un rischio enorme, quello di prendere una posizione molto intransigente e di vederla sconfitta nell'inevitabile giudizio che sarebbe seguito, visto che Microsoft aveva già fatto sapere di voler appellarsi alla Corte di giustizia europea in caso di sanzione.

In Europa, per nostra fortuna, le corti sono indipendenti e svolgono un ruolo di inflessibile garanzia del rispetto dei trattati. Era perciò escluso attendersi una sentenza che ponderasse le conseguenze politiche di una sconfitta umiliante per il commissario alla Concorrenza e tutta l'Unione europea.

In quelle ore difficili di riflessioni maturai una delle convinzioni centrali per il ragionamento che sto cercando di sviluppare in questo libro: chi ha incarichi di responsabilità nella gestione della cosa pubblica – chi fa politica, insomma, eletto o non eletto che sia – deve contemplare anche la possibilità della sconfitta.

Scelte che non implicano rischi personali sono scelte evidentemente ovvie, che chiunque potrebbe fare, e dunque compatibili con un approccio che privilegia la carriera del singolo rispetto alla piena adesione al mandato.

Molti fattori sconsigliavano di sfidare Microsoft: la direzione generale Concorrenza poteva contare su una manciata di brillanti funzionari poco più che trentenni, motivati soltanto dalla loro fedeltà alle istituzioni e al progetto europeo. Microsoft, invece, aveva assoldato tutti i più prestigiosi e costosi studi legali del mondo.

Un'azienda della portata di Microsoft, grazie anche alle relazioni del fondatore Bill Gates, poteva attivare una efficace rete di influenza e pressione: dalla Nato, alla polizia irlandese, al ministero degli Interni tedesco, all'esercito francese, varie istituzioni si prodigavano per sostenere con la Commissione che i comportamenti di Microsoft fossero corretti e che non ci fosse alcun problema nel rapporto tra le tecnologie Microsoft e quelle di altri fornitori, la cosiddetta interoperabilità.

Tutto consigliava di arrivare a un compromesso immediato, anche perché le aziende che avevano contestato gli abusi di Microsoft non si sarebbero accollate i rischi di un giudizio destinato a durare anni. Meglio un risarcimento immediato, che una vittoria inutile, quando le tecnologie oggetto del contenzioso sarebbero ormai risultate obsolete.

Ma transare avrebbe significato rinnegare il vero obiettivo della approfondita indagine su Microsoft e delle contestazioni successive. Avrebbe significato accettare che l'azienda potesse, in qualunque altro nuovo mercato di servizi digitali, replicare lo schema, cioè usare la sua posizione dominante per bloccare l'accesso di nuovi entranti.

Anzi, forse quei nuovi entranti non ci sarebbero mai più stati: nessuno avrebbe avuto interesse a sviluppare servizi e tecnologie destinati a scontrarsi con lo strapotere di Microsoft, sarebbe stato molto più conveniente venderle direttamente all'azienda di Bill Gates nella fase iniziale di sviluppo. E questo avrebbe bruciato molta innovazione che soltanto in un mercato aperto può svilupparsi e risultare davvero trasformativa.

Il «Financial Times» ha riassunto così la tensione tra la direzione generale Concorrenza, che guidavo, e Microsoft: «Era una forza inarrestabile contro un oggetto inamovibile: la Commissione era determinata a spingere Microsoft ad accettare vere limitazioni sulla sua capacità futura di integrare altri elementi nel pacchetto Windows; con analoga nettezza, Microsoft si opponeva a un risultato che avrebbe minato la strategia su cui il gruppo aveva costruito il proprio successo».

Semplicemente, il loro modello di business, almeno per un aspetto cruciale, non era compatibile con le nostre leggi sulla concorrenza e con gli interessi dei consumatori.

Il tempo giocava a nostro sfavore: se la Corte di prima istanza, in attesa del giudizio di merito, avesse deciso per la sospensiva chiesta da Microsoft, il giudizio finale sarebbe stato irrilevante. Ci sarebbero voluti anni per mettere l'ultima parola e, nel frattempo, Microsoft avrebbe continuato con i comportamenti che noi avevamo sanzionato.

Mi sono preso la responsabilità di correre questi rischi: era l'unico modo per ottenere qualche cambiamento significativo.

Nel giro di due mesi, a dicembre 2004, la Corte di prima istanza del Lussemburgo ha respinto la richiesta di sospensiva di Microsoft. E nel 2007, quando il mio mandato era finito da tempo e la vicenda giudiziaria si era chiusa definitivamente, la Corte ha confermato la fondatezza della sanzione e respinto le richieste dell'azienda.

Microsoft ha continuato a cercare di sfruttare la sua

posizione dominante e, negli anni seguenti, la Commissione non è riuscita a imporre una vera separazione tra la vendita di Windows e quella degli applicativi.

Ma la multa e la successiva conferma giudiziaria hanno contribuito a costruire una solida cultura antitrust in Europa, che poi si è declinata in azioni analoghe a quella contro Microsoft quando ad abusare della posizione dominante sono state le nuove piattaforme digitali, come Google.

Nella fase in cui un'impresa è una nuova entrante nel mercato e soffre degli abusi di un'impresa in posizione dominante, tende a incalzare le autorità antitrust perché indaghino ed eventualmente sanzionino l'abuso. Quando si trovano in un'altra fase della loro vita, nel caso diventino a loro volta dominanti, tendono a essere prese di mira esse stesse.

Quando era in corso la procedura su Microsoft nel 2002-2004, Google sosteneva a spada tratta l'azione della Commissione. Poi ha smesso di essere una nuova entrante ed è diventata dominante, a sua volta oggetto di indagini delle autorità antitrust di entrambe le sponde dell'Atlantico.

Oggi Microsoft è una delle aziende a maggiore capitalizzazione a Wall Street, a inizio 2024 valeva più di 3000 miliardi di dollari, e tra i grandi gruppi tecnologici è quello che più ha scommesso sull'intelligenza artificiale, con oltre 13 miliardi di investimenti in OpenAI.

In Europa, la commissaria alla Concorrenza Vestager, anche negli ultimi mesi del suo mandato prima delle elezioni 2024, ha continuato ad applicare le logiche affermate ai tempi del caso Microsoft, con la multa da 1,8 miliardi comminata ad Apple per una vicenda simile a quella di vent'anni prima.

La Commissione ha raccolto la denuncia di Spotify, il servizio di musica in streaming, e ha contestato ad Apple di aver ostacolato i consumatori europei dal cercare e trovare alternative ai servizi di streaming musicale offerti da Apple all'interno dell'ambiente iOS negli iPhone prodotti dalla stessa azienda.

Anche solo sulla base di questi due dati, si può concludere che la scelta di tenere il punto su Microsoft, invece di accettare il compromesso proposto dall'azienda, non ha ostacolato i successivi sviluppi del gruppo fondato da Bill Gates e ha creato un precedente che ha aiutato la Commissione a far rispettare i principi della concorrenza a difesa del mercato interno nei decenni seguenti.

Perché i principi e le regole a tutela della concorrenza e del mercato interno non sono soltanto strumenti a disposizione dell'Unione, ma sono parte della sua essenza. Sono i pilastri di un ideale che ha sempre avuto una centralità tanto nella mia vita che nell'evoluzione del progetto europeo. E, soprattutto, un potente antidoto al cinismo e alla delusione che portano alla demagonia.

5.
Come l'Italia si è salvata da sé: unità nazionale, disciplina di bilancio, riforme (2011-2013)

1. *Crisi finanziaria, crisi politica, crisi di fiducia*

In questo libro ho spiegato perché contro la demagonia servono governi rigorosi. Se il concetto di rigore gode di una fama dubbia, in Italia, è anche perché del rigore è stata troppo spesso sottolineata soltanto la parte sgradevole, cioè i limiti che impone, soprattutto alle attività clientelari e all'acquisto di consenso a spese della collettività.

Il concetto di rigore è anche associato a quello di austerità, altra parola che gode di una cattiva fama immeritata, perché un governo austero è un governo che dimostra – nelle forme e nella sostanza – di amministrare la cosa pubblica in modo prudente e oculato. Non si capisce perché invece i cittadini dovrebbero auspicare governi inaffidabili e dissoluti, cioè agli antipodi di governi rigorosi e austeri.

Come si è sviluppato il binomio tra austerità e rigore nel dibattito pubblico italiano e perché questi due concetti godono di così scarso credito in gran parte della classe politica che cerca consenso contestandoli?

Il contesto politico e finanziario, che nel 2011 avevo ricordato più volte dalle colonne del «Corriere della Sera», era critico: a lungo esorcizzata, la crisi dell'eurozona aveva finito per bussare, con una certa brutalità, anche alla porta dell'Italia.

A differenza della Grecia, l'Italia aveva un disavanzo pubblico relativamente sotto controllo. Proprio il famigerato rigore nei conti pubblici è stato una condizione essenziale per la sostenibilità e la graduale riduzione dell'alto rapporto tra il debito pubblico e il prodotto interno lordo.

A differenza dell'Irlanda, l'Italia in quegli anni successivi alla grande crisi finanziaria del 2008 ha visto le sue banche colpite solo moderatamente, il che ha evitato grossi oneri per salvataggi a carico del bilancio pubblico.

A differenza della Spagna, dove la fine del boom edilizio ha causato una profonda recessione e dissesti finanziari, l'Italia non si era caratterizzata per un eccesso di espansione né nelle costruzioni né nell'indebitamento del settore privato.

Ma allora perché l'Italia, nell'estate 2011, è stata colpita da improvvisa sfiducia, espressa con valutazioni dalle agenzie di rating e con fatti dai mercati, in una pericolosa interazione tra i due?

Sarebbe ingiusto negare che la risposta dell'Unione europea alla crisi greca sia stata vigorosa e abbastanza coordinata. Ma la cacofonia delle dichiarazioni dei leader dei principali Stati membri, dell'eurogruppo e della Banca centrale europea, e la difficoltà di trovare un rapido accordo sulla strategia per risolvere la crisi avevano acceso nei mercati la voglia di mettere alla prova la capacità di reazione dell'Ue su nuovi fronti. Il nuovo fronte avrebbe potuto essere la Spagna. I problemi che essa presentava non erano certo inferiori a quelli dell'Italia.

Se invece il target diventò l'Italia – un target che, per dimensione e anzianità di appartenenza all'Ue, rappresentava un test ben più severo sulla capacità di resistenza del nucleo centrale dell'eurozona – lo si deve probabilmente alle crescenti fibrillazioni nella maggioranza che faceva allora capo al presidente del Consiglio Silvio Berlusconi.

Per quanto spiacevoli e forse non pienamente giustificate dai fondamentali, le prese di posizione delle agenzie di rating e dei mercati contro l'Italia hanno destato un immediato senso di urgenza, che ha ricordato certe crisi degli anni precedenti all'introduzione dell'euro.

Dato che la «manovra estiva» del ministro dell'Economia e delle Finanze Giulio Tremonti, pur criticata sotto altri profili, era stata dai più considerata necessaria per rassicurare l'Unione europea e i mercati, i partiti di opposizione si impegnarono a non ritardare la discussione parlamentare, in modo che l'approvazione potesse intervenire a velocità record.

Ma nei giorni successivi all'approvazione della manovra estiva era già evidente che quella non sarebbe stata la fine della crisi e della tensione sul debito pubblico. Sarebbe servito anche un riorientamento fondamentale della politica economica dell'Italia.

La manovra estiva, per quanto impostata con buone intenzioni, non fermò così la crisi di sfiducia dei mercati. Il 5 agosto 2011 Silvio Berlusconi annunciò l'introduzione anticipata del pareggio di bilancio – non ancora in Costituzione – dal 2014, obiettivo già sfidante, al 2013.

2. *L'austerità prescritta: Trichet e Draghi ordinano, Berlusconi accetta*

Come si saprà poco dopo, quella scelta era stata concordata dall'allora presidente del Consiglio con la Banca d'Italia e la Bce, in cambio di sostegno sul mercato dei titoli di Stato.

Scrissi subito sul «Corriere della Sera» che la natura del governo Berlusconi era profondamente cambiata, con quella svolta. Invece che rispondere alla crisi di sfiducia nelle prospettive politiche e finanziarie del Paese, con scelte prese in piena autonomia, l'esecutivo si era sottomesso a un «podestà forestiero».

La conferenza stampa con l'annuncio dell'anticipo del pareggio di bilancio e delle altre misure, la sera del 5 agosto 2011, deve essere stata pesante per il presidente Berlusconi e per il ministro Tremonti, presenti con il sottosegretario alla presidenza del Consiglio Gianni Letta. Essi furono costretti a modificare posizioni che avevano sostenuto a lungo e a preannunciare decisioni non scaturite dai loro convincimenti, bensì dettate dai mercati e dall'Europa.

Il governo e la maggioranza, dopo avere rivendicato la propria autonoma capacità di risolvere i problemi del Paese, dopo avere rifiutato l'ipotesi di un impegno comune con altre forze politiche per cercare di risollevare un'Italia in crisi e sfiduciata, accettarono nella sostanza – anche se non ancora nella forma, per quello ci vorranno alcuni mesi – un «governo tecnico».

Con quella conferenza stampa Berlusconi e Tremonti salvarono le forme, perché i ministri rimasero in carica e la primazia della politica venne rispettata, almeno in apparenza. Ma le decisioni principali sulla politica di bilancio da allora in poi sarebbero state prese da un «governo tecnico sopranazionale» con sedi sparse tra Bruxelles, Francoforte, Berlino, Londra e New York.

Come europeista, e dato che riconosco l'utile funzione svolta dai mercati (purché sottoposti a una rigorosa disciplina da poteri pubblici imparziali), ho sempre sottolineato tutti i vantaggi di certi «vincoli esterni», soprattutto per un Paese che, quando si governa da sé, tende a essere poco incline a guardare all'interesse dei giovani e delle future generazioni.

Ma in quell'occasione segnalai anche alcuni inconvenienti ascrivibili a una precipitosa soluzione eterodiretta, come quella accettata dal governo Berlusconi. Per cominciare, scarsa dignità.

Anche se quella del «podestà forestiero» è una tradizione che risale ai Comuni italiani del XIII secolo, dispiace che l'Italia possa essere vista come un Paese che preferisce lasciarsi imporre decisioni impopolari, ma in realtà positive per gli italiani che verranno, anziché prenderle per convinzione acquisita, dopo civili dibattiti tra le parti.

Il secondo inconveniente era il downgrading politico. Quanto è avvenuto in quei giorni non ha certo contribuito ad accrescere la statura dell'Italia tra i protagonisti della scena europea e internazionale, con le conseguenze che di lì a poco anche lo stesso Silvio Berlusconi avrebbe sperimentato.

In quel delicato frangente perdere peso politico non era grave soltanto sul piano del prestigio, ma soprattutto su quello dell'efficacia. L'Unione europea e l'eurozona si trovavano in una fase critica e dovevano darsi strumenti capaci di rafforzare la disciplina, giustamente voluta dalla Germania nell'interesse di tutti, e al tempo stesso di favorire la crescita, che neppure la Germania poteva sperare di avere in assenza della crescita degli altri Stati membri, in particolare di quelli più grandi, come l'Italia. Un ruolo più solido e credibile del nostro Paese sarebbe stato di grande aiuto all'Europa.

Nella diagnosi sull'economia italiana e nelle terapie, ciò che l'Europa e i mercati hanno imposto non comprende nulla che non fosse già stato proposto da tempo dal dibattito politico, dalle parti sociali, dalla Banca d'Italia, da molti economisti.

La perseveranza con la quale si è preferito ascoltare solo poche voci, rassicuranti sulla solidità della nostra economia e anzi su una certa superiorità del modello italiano, è stata una delle cause del molto tempo perduto e dei conseguenti maggiori costi per la nostra economia e società, dei quali lo spread sui tassi ne fu visibile manifestazione.

Nelle decisioni imposte dai mercati e dall'Europa, tendono a prevalere le ragioni della stabilità rispetto a quelle della crescita.

Gli investitori, i governi degli altri Stati e le autorità monetarie si preoccuparono più per i rischi di insolvenza sui titoli italiani, per il possibile contagio dell'instabilità finanziaria, per l'eventuale indebolimento dell'euro, di quanto si preoccupassero per l'insufficiente crescita dell'economia italiana.

L'incapacità di prendere serie decisioni per rimuovere i vincoli strutturali alla crescita ha ridotto il Paese a dover accettare misure dettate dall'imperativo della stabilità invece che impostare, in modo autonomo, un rigore sano, combinato con la necessaria attenzione alla crescita.

Le dolorose decisioni che il governo da me presieduto avrebbe dovuto prendere qualche mese dopo, insomma, non erano il frutto di un eccesso di rigore, ma l'inevitabile conseguenza – priva di alternative, visto il momento drammatico – della rinuncia a un modo rigoroso di governare quando ancora la politica aveva piena discrezionalità nella scelta su come affrontare le sfide che il Paese aveva davanti.

Con un grado di distanza ormai quasi proprio della storia, più che del commento alla cronaca, credo sia legittimo anche condensare le mie perplessità sul decisivo strumento della lettera della Bce per spingere il governo ad accettare un rigore nei conti che non riusciva a adottare in autonomia e, al contempo, per consentire una sopravvivenza a un esecutivo che conservava la sua autonomia soltanto nelle forme. Mentre nella sostanza le decisioni erano imposte dal «podestà forestiero».

Già il 19 ottobre 2011, conversando a margine della suggestiva cerimonia al teatro dell'Opera di Francoforte per il passaggio di consegne tra Jean-Claude Trichet e Mario Draghi, espressi loro le mie riserve su quell'intervento inedito.

Vedevo nella lettera molte raccomandazioni che consideravo più che giustificate dal punto di vista economico e che in gran parte coincidevano con quello che molti economisti italiani, incluso il sottoscritto, andavano dicendo da tempo sulla finanza pubblica e le riforme strutturali.

Non mi convinceva, tuttavia, il fatto che venissero date prescrizioni a un Paese da parte di una istituzione che non aveva questo tra i suoi compiti, cioè la Bce, perché un intervento di quel tipo spettava, semmai, a Commissione e Consiglio europei.

In particolare Trichet mi rispose che si erano sentiti in dovere – per salvaguardare la stabilità dell'eurozona – di intervenire in quel senso. Si erano sentiti scoperti politicamente nel protrarre interventi di sostegno ai Paesi sotto attacco sui mercati per lunghi periodi senza un chiaro mandato a farlo.

Per questo hanno pensato di dover suggerire al governo italiano (e spagnolo) misure appropriate affinché rimuovesse le cause di quegli squilibri, che determinavano instabilità e spread così elevati, rendendo necessario l'intervento della Bce.

Perché oltre a chiedere riforme, nella lettera si pretendeva una deroga all'impegno sottoscritto da tutti i Paesi della zona euro a raggiungere il pareggio di bilancio strutturale nel 2014. L'Italia diventava così l'unico Paese che si assumeva l'impegno di anticiparlo al 2013.

Un vincolo così stringente che, nel giro di poche settimane, avrebbe dato un contributo decisivo ad accelerare la crisi del governo Berlusconi, visto che la Lega non voleva assumersi il costo politico che l'anticipo del pareggio strutturale comportava, in particolare una impopolare riforma delle pensioni.

Una riforma che poi, nel dicembre 2011, il nostro governo ha dovuto adottare tra le prime e più traumatiche decisioni di politica economica.

Già il primo governo Berlusconi, nel 1994, era caduto per gli scontri con la Lega in materia previdenziale. La storia si ripeteva diciassette anni dopo e non per caso.

Come aveva osservato il presidente della Repubblica Giorgio Napolitano nel discorso tenuto al Collège d'Europe a Bruges nel 2011: «Nessuna forza politica italiana può continuare a governare, o può candidarsi a governare, senza mostrarsi consapevole delle decisioni, anche impopolari, da prendere ora nell'interesse nazionale e nell'interesse europeo».

In quell'occasione, Napolitano citò anche Guido Carli, che in qualità di ministro del Tesoro italiano aveva firmato il Trattato di Maastricht nel 1992: «La classe politica italiana non si è resa conto che, approvando il Trattato, si è posta nella condizione di aver già accettato un cambiamento di una vastità tale che difficilmente essa vi sarebbe passata indenne».

Quella mancanza di consapevolezza, quel tentativo di governare come se gli impegni europei non ci fossero, o non fossero vincolanti, ha sempre generato conseguenze difficili da gestire, come ha sperimentato a sue spese il centrodestra nel 2011.

Nel mio primo viaggio da presidente del Consiglio a Bruxelles, pochi mesi dopo la scelta del governo Berlusconi di accettare le condizioni poste dalla lettera della Bce, chiesi riservatamente ma in modo fermo al presidente del Consiglio europeo Herman van Rompuy e a quello della Commissione José Manuel Barroso di liberare l'Italia da quell'impegno straordinario.

Esso poteva giustificarsi di fronte a un governo appesantito da scarsa credibilità interna, dalla sfiducia dei mercati e mantenuto in vita dagli acquisti della Bce, ma non con un nuovo governo visto come credibile da loro stessi e dai mercati e con un programma rigoroso.

Entrambi confermarono la loro grande fiducia, ma non erano disposti a riportare al 2014 l'impegno di bilancio in pareggio che la Bce aveva chiesto, e ottenuto da Berlusconi, di anticipare al 2013.

Mi risposero all'incirca così: «Dato che con la sua autorevolezza la Bce ha indicato quell'obiettivo per voi italiani, cioè il pareggio di bilancio nel 2013, e voi sapete quanto contino per i mercati il pensiero e gli intendimenti della banca centrale, sarebbe disastroso per te, Mario, e per l'Italia se la tua prima mossa, con il nostro consenso, fosse quella di tornare allo *status quo ante*. I mercati direbbero che il rigoroso Monti come prima cosa si dà più tempo per rispettare gli impegni presi dal Paese».

Se mi fossi lamentato pubblicamente del rigido atteggiamento dei due presidenti, avrei fatto il danno dell'Italia proprio all'esordio di quel governo che tutti consideravano l'ultima spiaggia.

Sapevo d'altra parte che, non facendolo, un giorno sarei stato ritenuto coautore, se non ispiratore principale, di un'austerità ancora maggiore di quanto fosse necessario. Ma era interesse del Paese che io tenessi per me quell'iniziale amarezza, che non condivisi neppure con il presidente Napolitano.

Certo, a distanza di tanto tempo, e potendo ora parlare con una certa serenità di quei giorni drammatici, a quanti ritengono che il mio governo abbia voluto sadicamente praticare agli italiani dosi eccessive di austerità di bilancio con effetti recessivi, perché lo voleva la Germania di cui noi saremmo stati docili servitori, ricordo che l'idea dell'anticipo di un anno del pareggio di bilancio per la sola Italia non è venuta né alla cancelliera Merkel né a me.

È venuta, probabilmente dopo una riflessione comprensibilmente affrettata, ai due presidenti della Bce, quello uscente Trichet e quello entrante Draghi. È stata accettata, probabilmente per fondata disperazione, dal presidente del Consiglio Berlusconi. Infine è stata confermata dai presidenti della Commissione e del Consiglio europeo, probabilmente anche per non apparire dissonanti dalla Bce che così aveva deciso, benché al di fuori dei suoi poteri.

Ho accettato per anni, nell'interesse dell'Italia e dei suoi rapporti con l'Europa, di portare io – condividendolo con i miei validissimi e generosi ministri – il biasimo e l'insulto di larga parte del mondo politico e di una parte dell'opinione pubblica. Credo che governare richieda anche la disponibilità a sopportare.

Qualche volta, devo confessarlo, ho fatto un po' fatica. Per esempio quando, durante e dopo il mio governo, ma spesso anche oggi, le critiche per l'eccessiva austerità di allora venivano o vengono da personalità dell'attuale maggioranza, i cui partiti facevano tutti parte del governo Berlusconi che, oltre a non essere stato in grado di sventare la crisi, aveva accettato i vincoli della Bce.

O quando qualcuno contrappone la linea del governo Draghi, sensibile alle esigenze della crescita, a quella del governo Monti, cultore perverso dell'austerità. Il quale ha avuto in sorte di somministrare agli italiani un pasto sgradevole che porta il suo nome, anche se è stato cucinato in collaborazione da Draghi e da Berlusconi.

D'altra parte va ricordato il contesto: i mesi del 2011

che separano la lettera della Bce dall'arrivo del governo dell'emergenza da me presieduto, coincidono con la preparazione del cambio di vertice alla Bce.

Mario Draghi, in quanto italiano, era visto con sospetto dal sistema tedesco, che aveva dovuto rinunciare al proprio candidato alternativo al vertice della Bce, Axel Weber, e si aspettava quindi rassicurazioni.

I tempi del «Whatever it takes» dell'estate 2012 erano lontani. Nel 2011 Draghi era ancora impegnato in un «apprendistato teutonico» che lo portava ad assecondare le richieste di Berlino anziché arginarle, al punto da proporre quel severo pacchetto di regole contabili che poi sarebbe diventato noto come «Fiscal Compact».

Quando il nostro governo si è insediato, a novembre 2011, si è trovato quindi di fronte lo scenario più ostile possibile: un Paese sull'orlo della bancarotta, con la sfiducia dei mercati che rendeva il debito pubblico potenzialmente insostenibile e non rifinanziabile neppure nel breve periodo; un clima europeo assai poco accomodante, con le istituzioni che si aspettavano dal nuovo esecutivo il pieno rispetto di impegni presi dal governo precedente come conseguenza della perdita di legittimità politica, e una Bce non ancora disposta a intervenire in modo strutturale per evitare che la crisi di fiducia in alcuni Paesi diventasse una minaccia esistenziale per l'euro e l'Unione europea.

Il momento drammatico venne sintetizzato dal presidente della Repubblica Giorgio Napolitano nel suo messaggio alle Camere, il 13 novembre 2011.

Nell'annunciare la sua scelta di conferire a me l'incarico di formare un nuovo governo, Napolitano precisò coordinate e responsabilità di un contesto difficilissimo che imponevano scelte impegnative: «L'urgenza di quelle scelte – a partire dalla concretizzazione delle misure già concordate in sede europea – deriva dalla gravità della crisi finanziaria e dei pericoli di regressione economica dinanzi a cui si trovano l'Italia e l'Europa».

Da notare il riferimento al fatto che il mandato del nostro governo consisteva nel rispettare gli impegni presi ma non attuati da quello precedente, soprattutto nella fase estiva dominata dalla lettera della Bce.

Dopo aver ricordato «il fortissimo rialzo degli interessi sui nostri buoni del Tesoro e il ristagnare dell'attività economica», Napolitano sottolineava la necessità di «recuperare la fiducia degli investitori e delle istituzioni europee, operando senza indugio nel senso richiesto».

In gioco non c'erano soltanto le prospettive dell'Italia: «È una responsabilità che avvertiamo verso l'intera comunità internazionale, a tutela della stabilità della moneta comune e della stessa costruzione europea, oltre che delle prospettive di ripresa dell'economia mondiale».

Le elezioni non erano un'opzione percorribile, spiegò il presidente, perché un «vuoto di governo» nella fase di campagna elettorale avrebbe portato a conseguenze irreversibili sul fronte economico.

D'altra parte, non c'erano neppure le condizioni per convocarle, perché il nuovo esecutivo nasceva – e questo Napolitano lo aveva voluto sottolineare con forza nel messaggio alle Camere – «aperto al sostegno e alla collaborazione da parte sia dello schieramento uscito vincente dalle elezioni del 2008 sia delle forze collocatesi all'opposizione».

Una collaborazione che si sarebbe presto manifestata in una fiducia trasversale, che includeva il Popolo della Libertà, allora la principale formazione del centrodestra guidata da Silvio Berlusconi. Cioè il partito che era parte della coalizione di governo che aveva assunto gli impegni previsti dalla lettera della Bce, ma non era stato in grado di applicarli.

La Lega, invece, se non altro con una certa coerenza, dopo aver impedito al governo Berlusconi di adottare le misure coerenti con i vincoli accettati, scelse di non sostenere il governo di emergenza subentrante nella speranza, come poi ha dimostrato la storia successiva, di ottenere il consenso facile che deriva dallo stare all'opposizione quando arriva il conto dei problemi rinviati mentre si stava al governo.

3. Nasce il governo per l'emergenza

Il giuramento del nuovo governo avvenne il 16 novembre 2011, in un'atmosfera tesa. La difficoltà della missione a cui ci sentivamo tutti chiamati era chiaramente percepita dall'intera squadra di coloro che poi saranno noti come ministri «tecnici», benché tenuti a prendere decisioni molto politiche.

Il contributo di ciascuno dei componenti di quel governo è stato fondamentale, dunque il lettore mi consentirà un elenco completo, che non trascuri nessuno: Piero Giarda, ministro dei Rapporti con il Parlamento, Piero Gnudi agli Affari regionali, turismo e sport, Fabrizio Barca alla Coesione territoriale, Enzo Moavero Milanesi agli Affari europei, Filippo Patroni Griffi alla

Pubblica amministrazione, Andrea Riccardi alla Cooperazione internazionale.

E poi Renato Balduzzi della Salute, Annamaria Cancellieri dell'Interno, Mario Catania delle Politiche agricole, Corrado Clini dell'Ambiente, Giampaolo Di Paola della Difesa, Elsa Fornero del Lavoro e politiche sociali, Lorenzo Ornaghi della Cultura, Corrado Passera dello Sviluppo economico e delle Infrastrutture e trasporti, Francesco Profumo dell'Università e ricerca, Paola Severino della Giustizia, Giulio Terzi di Sant'Agata ministro degli Esteri.

Quanto al ministero dell'Economia e delle finanze, destinato ad avere una centralità ancora maggiore del solito dato che il superamento della crisi finanziaria era la priorità numero uno, il presidente Napolitano mi chiese di assumerne io stesso la responsabilità, anche per potermi sedere ai tavoli dei ministri delle Finanze con l'autorità di un presidente del Consiglio.

Non escludo che nella sua mente ci fosse anche l'intento di evitare il ripetersi di uno dei principali problemi del precedente governo, la scarsa coerenza di visione e di azione tra presidente del Consiglio e ministro dell'Economia. Sommando le due posizioni in una stessa persona, quel problema non ci sarebbe stato. D'altra parte, si sarebbe concentrata su di me una responsabilità forse senza precedenti in un momento particolarmente difficile.

Era quindi essenziale poter contare su un viceministro con una consolidata reputazione internazionale, la capacità di tenere testa agli altri ministri nelle riunioni di governo e di padroneggiare una macchina potente e complessa come il ministero dell'Economia e delle finanze.

La scelta cadde su Vittorio Grilli, che svolse i suoi compiti in modo eccellente e che nel luglio 2012, superata la fase più acuta della crisi, venne nominato ministro a pieno titolo.

Di solito, dopo una forte discontinuità, chi subentra è portato a scrivere su un foglio bianco il programma di governo e chiede una due diligence – con un pizzico di mancanza di fiducia – per vedere se la situazione delle finanze pubbliche non sia, per caso, peggiore di quella dichiarata.

Sfiorato rapidamente dal pensiero di avviare anche io una simile verifica sui conti del Paese, mi sono ricordato che in Grecia gran parte dell'esplosione del problema sul debito pubblico era cominciata un paio di anni prima con il nuovo premier socialista, Giorgos Papandreou, che succedendo a un governo di destra aveva avviato una due diligence sui conti pubblici, scoprendo così che erano stati truccati e l'entità del debito di molto sottovalutata.

Quindi un'operazione trasparenza sui conti italiani, che di per sé avrebbe dovuto essere sempre benvenuta, poteva diventare il fiammifero capace di innescare l'incendio definitivo dell'eurozona.

Nel caso di Papandreou, almeno, c'era stata una rottura netta con la maggioranza precedente, in Italia no. Anche se a posteriori è stata costruita la teoria di un «golpe», il governo che nasceva aveva come componente principale della sua maggioranza proprio il Popolo della Libertà, cioè il partito di maggioranza relativa a sostegno del governo uscente guidato da Silvio Berlusconi, che ne era anche il leader. Soltanto i ministri del governo precedente avevano dovuto farsi da parte, con loro comprensibile rammarico.

Quando il segretario del PdL Angelino Alfano salì al Quirinale per le consultazioni per la formazione del nuovo governo, vincolò l'appoggio del suo partito al rispetto degli impegni presi dal governo Berlusconi con l'Unione europea: «Relativamente al contenuto del programma, ribadiremo che gli impegni assunti con l'Europa, quelli che furono validati in sede europea una volta che il presidente del Consiglio Silvio Berlusconi andò a illustrarli, rimangono il contenuto essenziale, per quanto ci riguarda, del programma di governo, perché sono i punti che consentono all'Italia di fare la propria parte per uscire dalla crisi».

Il contesto non poteva essere più impegnativo, ma anche più chiaro: il nuovo governo, per quanto reputato più credibile del precedente sui mercati finanziari e in Europa, non poteva rimettere in discussione gli impegni a una drastica correzione dei conti concordata dal governo Berlusconi con la Bce e la Banca d'italia.

L'indicazione, precisa e priva di ambiguità, arrivava tanto dalle istituzioni europee quanto dai partiti che avevano preso quegli impegni e che partecipavano alla nuova maggioranza.

Capii ancora meglio il clima al primo Consiglio europeo a cui partecipai, il 9 dicembre 2011, quando potei osservare la singolare saldatura tra le richieste di vincoli contabili che arrivavano dalla Germania di Angela Merkel e la nuova Bce di Mario Draghi, che si era nel frattempo insediato a inizio novembre.

Draghi – che molto aveva faticato per legittimarsi di fronte all'opinione pubblica tedesca come credibile presidente della Bce, ancorché proveniente da un Paese ad alto debito e debole disciplina fiscale come l'Italia – era stato il primo, in una audizione al Parlamento europeo, a proporre un «Fiscal Compact» per rendere più stringenti le regole su deficit e debito del Patto di stabilità, mai davvero rispettate.

Il primo dicembre 2011, alla plenaria del Parlamento, aveva spiegato: «Credo che alla nostra Unione economica e monetaria serva un nuovo Fiscal Compact, un ripensamento fondamentale delle regole fiscali, con una riformulazione sostanziale delle regole fiscali e degli impegni reciproci presi dai governi dell'area euro».

Al Consiglio europeo di pochi giorni dopo, il primo anche per Draghi, fummo messi davanti a una bozza che gli uffici della presidenza di Van Rompuy avevano preparato – immagino anche su input di Draghi e Merkel – e che leggemmo, paragrafo per paragrafo, durante la riunione.

In quell'occasione mi colpì che il nuovo presidente della Bce intervenisse spesso chiedendo aggiustamenti al testo, per sottolineare questo o quel passaggio, in modo che risultasse più esplicito, più severo, tanto che a un certo punto chiesi: «Ma stiamo preparando un testo legale o un comunicato stampa per impressionare l'opinione pubblica?».

Nella fase di partenza del nuovo governo, insomma, non c'era modo di ridiscutere quell'austerità che poi sarebbe stata imputata ai «tecnici»: i mercati, la Bce, la Commissione e il Consiglio, e perfino i partiti italiani sembravano considerarla inevitabile, anche se ormai i problemi di scarsa credibilità politica che l'avevano resa necessaria erano stati superati con il passaggio da un esecutivo all'altro.

Ci vollero molti mesi al nostro governo per rompere quella pericolosa gabbia di sfiducia. Ma nell'immediato bisognava fare il drastico aggiustamento di bilancio necessario per raggiungere il pareggio strutturale già nel 2013.

4. La riforma delle pensioni

Tra le misure iniziali adottate dal governo e racchiuse nel decreto Salva Italia, quella che ha avuto l'impatto maggiore – sia a livello macroeconomico sia in termini di percezione – è stata la riforma delle pensioni, che poi ha preso il nome della ministra Elsa Fornero, che ha avuto l'onere di presentarla, insieme a me, in una conferenza stampa in cui tutti poterono percepire la gravità del momento.

Era una riforma tanto audace quanto largamente impopolare, che si poneva due obiettivi, entrambi strutturali: eliminare la sostanziale ingiustizia intergenerazionale a danno delle generazioni future, caratteristica del sistema precedente, e rendere il sistema sostenibile dal punto di vista delle finanze pubbliche.

Quest'ultimo aspetto della riforma affrontava la principale fonte di preoccupazione dei mercati finanziari e delle agenzie di rating, che consideravano l'Italia l'epicentro della crisi dell'eurozona.

Anche le altre misure contenute nel pacchetto di dicembre, sempre orientate a segnalare un cambio di fase rispetto alla ricerca del consenso a spese della finanza pubblica, hanno avuto un ruolo, in particolare l'introduzione di una tassa sulla proprietà immobiliare e nuovi strumenti per combattere l'evasione fiscale, ma la riforma delle pensioni fu il fattore singolo più importante che ha permesso all'Italia – unico Paese a riuscirci nell'Europa meridionale – di uscire dalla crisi dell'eurozona senza dover chiedere aiuti internazionali all'allora famigerata troika composta da Commissione europea, Bce e Fondo monetario internazionale.

Insieme alle altre misure adottate nel pacchetto di dicembre 2011 (introduzione di una tassa sulla proprietà e nuovi strumenti per combattere l'evasione fiscale), la riforma delle pensioni fu il fattore più importante che permise all'Italia di uscire – senza alcun aiuto internazionale, a differenza di tutti gli altri Paesi dell'Europa meridionale – dalla crisi finanziaria e di fiducia che aveva spinto lo spread tra i titoli di Stato tedeschi e italiani da 150 a quasi 600 punti base tra giugno e novembre 2011.

Nella primavera del 2012, tra le altre riforme strutturali, abbiamo introdotto una riforma del mercato del lavoro che era il naturale completamento di quella delle pensioni: ha infatti aumentato la flessibilità del mercato e razionalizzato la protezione sociale per i disoccupati. Tuttavia, la percezione generale, che in parte condivido, è che questa riforma, così come fu adottata, non sia stata all'altezza delle ambizioni del mio governo ed è stata meno audace della riforma delle pensioni introdotta alcuni mesi prima.

Data l'urgenza di una profonda riforma strutturale delle pensioni e l'acuta sensibilità sociale sia per le pensioni, sia per le questioni del mercato del lavoro, Elsa Fornero non era destinata a godere di grande popolarità.

Tra tutti i ministri, è stata lei quella che ha dovuto affrontare le reazioni e gli attacchi più duri, sebbene la maggior parte degli osservatori competenti e obiettivi concordasse ampiamente che la sua riforma delle pensioni è stata la singola misura più decisiva per evitare il collasso finanziario dell'Italia.

Quindi, perché la nostra riforma delle pensioni è generalmente considerata un traguardo politico significativo, mentre la successiva riforma del mercato del lavoro è stata accolta in modo più moderato? A mio avviso, a causa dei cambiamenti avvenuti nel breve lasso di tempo tra le due riforme.

Innanzitutto, la fase più acuta dell'emergenza era passata: il contesto nel quale abbiamo approvato la riforma del lavoro era già molto diverso da quello nel quale abbiamo introdotto quella delle pensioni.

Alla fine del 2011, l'opinione pubblica italiana era in stato di choc. C'era una diffusa consapevolezza della condizione drammatica del Paese, che aveva spinto il presidente del Consiglio Berlusconi alle dimissioni e il presidente della Repubblica Napolitano a favorire la nascita di un nuovo esecutivo sostenuto da una maggioranza trasversale.

Data l'urgente necessità legata alla crisi finanziaria, abbiamo introdotto la riforma delle pensioni nel dicembre 2011, praticamente senza alcuna consultazione con i sindacati. Insieme alla ministra Fornero, convocai i segretari generali dei sindacati e, in meno di due ore, i partiti politici impauriti concessero al nostro governo la maggioranza più ampia della storia della Repubblica. Nella primavera del 2012, questo senso di urgenza era già in parte svanito.

Inoltre, le riforme del mercato del lavoro, a causa della loro natura intrinseca, non possono avere la stessa influenza immediata sui mercati finanziari rispetto alle riforme delle pensioni. Pertanto, la riforma del mercato del lavoro fu percepita come meno urgente ed è stata vista più come una misura per migliorare la competitività dell'Italia al fine di generare crescita e occupazione.

Sebbene un mercato del lavoro ben funzionante sia estremamente importante, è più collegato all'economia «reale» e non agli squilibri fiscali e alle tensioni finanziarie che, all'epoca, generavano il senso di emergenza nell'opinione pubblica.

Quando assunsi l'incarico di presidente del Consiglio, la situazione in Parlamento era favorevole, i partiti erano pronti a sostenere il nostro programma con i voti dei loro eletti, anche se sapevano che le misure necessarie non avrebbero garantito un consenso immediato, al contrario sarebbero risultate impopolari.

Il presidente della Repubblica Napolitano era talmente consapevole dell'emergenza che aveva portato alla formazione del nostro governo, che ci permise di avvalerci ampiamente, con la sua autorizzazione come richiesto dalla Costituzione in condizioni di «necessità e urgenza», di decreti legge, cioè lo strumento più rapido e potente perché le misure legislative del governo avessero immediata efficacia, dovendo essere convertite in legge dal Parlamento entro i successivi sessanta giorni.

5. *Le misure fiscali*

Con il decreto «Salva Italia» (decreto legge 201 del 6 dicembre 2011) sul lato fisco, in primo luogo, si contribuì all'obiettivo generale di riequilibrio dei conti pubblici, garantendo un gettito aggiuntivo lordo dell'ordine di 30 miliardi. Va ricordato che il governo precedente aveva previsto l'attivazione della cosiddetta clausola di salvaguardia: se gli obiettivi di bilancio per il 2012 non fossero stati raggiunti, sarebbero state attivate entro settembre (del 2012) riduzioni del 20 per cento sulle spese fiscali o aumenti dell'Iva o delle accise.

La parte più significativa fu la maggiorazione del prelievo patrimoniale sugli immobili (per circa 11 miliardi). Fu infatti anticipata di un anno (al 2012) l'entrata in vigore dell'Imu, che il governo precedente aveva istituito fissandone la decorrenza al 2013 (cioè dopo le elezioni politiche).

Oltre ad anticipare l'entrata in vigore dell'Imu, furono maggiorati gli estimi catastali (del 60 per cento per gli immobili abitativi). L'Imu interessava tutti gli immobili (compresi i terreni e soprattutto le abitazioni principali, le cosiddette «prime case»).

Questa misura rispondeva anche all'obiettivo di limitare l'erosione delle basi imponibili dovuta alle cosiddette «spese fiscali»: era infatti emerso dall'indagine del gruppo di lavoro nominato l'anno prima dal ministro Tremonti che l'area di erosione più consistente era proprio quella relativa agli immobili.

All'aumento del prelievo patrimoniale sugli immobili si aggiunse quello sulla ricchezza finanziaria, attraverso la maggiorazione dell'imposta di bollo sui depositi (già disposta dal precedente governo) e la sua estensione ai conti titoli e ai patrimoni gestiti. Con l'aliquota fissata al 2 per mille, si prevedeva a regime un gettito di 3 miliardi.

Fu disposto anche un prelievo aggiuntivo una tantum dell'1,5 per mille sui patrimoni che avevano fruito dello «scudo fiscale» disposto dal precedente governo (2 miliardi di gettito). Furono infine istituite imposte speciali sulle auto di lusso, le imbarcazioni da diporto e gli aeromobili privati.

La manovra incise fortemente anche sui consumi. Fu disposto l'aumento delle aliquote Iva a decorrere dal primo settembre 2012 (gettito previsto: 3,3 e 13 miliardi rispettivamente nel 2012 e nel 2013), a copertura della clausola di salvaguardia disposta dall'ultima manovra del governo Berlusconi.

Furono aumentate anche le accise su benzina, gasolio, Gpl e gas naturale (per circa 4.5 miliardi).

Ma si introdussero anche importanti novità per favorire la crescita economica attraverso sgravi volti alla riduzione del costo del lavoro e del costo del capitale.

Riguardo al costo del capitale, l'importante novità fu l'istituzione dell'Ace (Aiuto alla crescita economica). Riprendendo quanto disposto in passato (nel 1998, riforma Visco) con la Dual income tax e quanto previsto dalla legge delega di riforma fiscale presentata dal governo Berlusconi, allora in discussione in Parlamento, fu disposto di favorire la raccolta di capitale di rischio e la patrimonializzazione delle imprese (tutte, cioè società di capitali, società di persone e imprenditori individuali), prevedendo la deducibilità dal reddito del rendimento nozionale del nuovo capitale di rischio (nuove sottoscrizioni e utili accantonati a partire dal 2010).

In questo modo si ridusse fortemente il vantaggio fiscale a favore dell'indebitamento, rispetto al capitale proprio. Il costo dell'Ace era previsto in un miliardo di euro nel 2012, 1,5 miliardi nel 2013 e 3 nel 2014.

L'obiettivo della riduzione del costo del lavoro fu perseguito attraverso la deducibilità integrale della parte dell'Irap gravante su di esso dalle imposte dirette (1,5 miliardi nel 2012 e 2 miliardi nel 2013) e detrazioni aggiuntive dall'Irap a favore di donne e giovani (per un miliardo di euro).

Da un punto di vista sistemico, il senso economico della manovra era di spostare la composizione del prelievo tributario: sgravare i redditi (da lavoro e da capitale) e aumentare il carico sui consumi e sulla ricchezza (immobiliare e finanziaria), in coerenza con l'obiettivo generale di favorire la crescita, nonché di accrescere l'equità.

Riguardo a quest'ultimo obiettivo, fu attuato un importante pacchetto antievasione. La soglia per il divieto di uso del contante (e di titoli al portatore) fu ridotta a 1000 euro. Fu anche stabilito l'obbligo dei pagamenti telematici per la pubblica amministrazione. Queste misure comportarono l'apertura di oltre due milioni di conti correnti da parte di pensionati e lavoratori dipendenti.

Fu poi stabilito l'obbligo degli intermediari finanziari di comunicare all'anagrafe tributaria le giacenze e le movimentazioni finanziarie della clientela, istituendo così per la prima volta un'anagrafe patrimoniale a fini fiscali. L'accesso ai dati da parte dell'amministrazione finanziaria era però limitato a singoli soggetti a forte indizio di evasione; era precluso un utilizzo massivo.

Quindi, l'anagrafe patrimoniale era utilizzata per una platea limitata di soggetti, già individuati come a rischio di evasione, e richiedeva un impiego di risorse umane non trascurabile.

Con la legge di bilancio per il 2020 e il decreto ministeriale del 28 giugno 2022 è stata resa operativa la possibilità di un utilizzo massivo dei dati dell'anagrafe patrimoniale per analisi del rischio fiscale, molto utili per orientare l'attività di controllo e per incoraggiare l'adempimento spontaneo. Il nuovo sistema attua una protezione rigorosa dei dati personali, coerente con i criteri di protezione della privacy.

Fu anche istituito un regime fiscale premiale per le imprese individuali e i lavoratori autonomi, per favorire l'emersione di base imponibile.

6. *Le riforme strutturali*

Per rendersi conto di quanto fosse difficile introdurre riforme strutturali in quella fase, facciamo un passo in avanti di una decina d'anni. In questi ultimi anni, le riforme avrebbero potuto essere fatte in presenza di una condizione favorevole, cioè di politiche monetarie e fiscali accomodanti nonché di specifici sostegni finanziari stabiliti nel Pnrr a titoli di incentivi proprio per le riforme.

Allora, nel 2011-2012, non solo non vi erano tali incentivi, ma l'Italia era sotto il giogo dell'eccesso di restrizione «voluto» dalla lettera della Bce.

Così, l'intero pacchetto di cui faceva parte la riforma delle pensioni (Salva Italia) fu introdotto attraverso un decreto legge. Al contrario, alcuni mesi dopo, quando arrivò il momento della riforma del lavoro, non c'erano più le condizioni per procedere con la decretazione d'urgenza.

I sindacati erano sempre scesi in piazza per contestare anche riforme molto meno ambiziose. Tuttavia, all'epoca, la paura che il governo, in caso di un tutt'altro che improbabile default del Paese, non avesse i fondi per pagare stipendi pubblici e pensioni alla fine del mese, aveva generato profonde preoccupazioni diffuse.

E quindi aveva creato le condizioni per attuare riforme radicali con poca opposizione.

Gli italiani potevano osservare ogni giorno l'inquietante esempio della Grecia, a poche centinaia di chilometri di distanza, e temevano che anche il nostro Paese potesse precipitare nello stesso abisso di crisi finanziaria e risanamenti traumatici imposti dall'esterno.

Mi ha sempre colpito, e mi pare giusto sottolinearlo anche oggi, quanto sia stata matura e responsabile in quel frangente la condotta dei leader sindacali così come della maggior parte dei partiti politici.

C'era però in quella riforma delle pensioni un problema relativo alla fase di transizione che, bisogna ammetterlo, non abbiamo valutato in maniera così approfondita come avremmo dovuto.

Si tratta del problema dei cosiddetti esodati, cioè una categoria di lavoratori prossimi alla pensione che avevano lasciato il lavoro di comune accordo con i datori di lavoro con l'aspettativa di accedere alla pensione anticipata dopo essere stati temporaneamente disoccupati, vivendo di indennità e liquidazioni.

La riforma delle pensioni, non prevedendo un periodo di transizione per l'aumento dell'età pensionabile, li colse di sorpresa. La pensione per loro sarebbe stata irraggiungibile per un numero di anni che non avevano certo considerato, mentre un ritorno al precedente impiego o la riconversione ad altri lavori era impossibile o molto problematica.

Una condizione che ha creato profondo disagio in tante famiglie. Purtroppo, il nostro governo ha dovuto fare in due settimane quello che i governi precedenti avevano rinviato per due decenni.

Avevamo inizialmente stimato che le persone «esodate» non fossero più di 65.000, mentre si scoprì poi che erano in numero considerevolmente maggiore. Con più tempo a disposizione per perfezionare la riforma e potendo fare affidamento su dati più accurati avremmo potuto – e dovuto – ridurre l'entità di questo problema. Ci siamo basati sui dati forniti dagli enti preposti alla previdenza, ma la realtà si è rivelata più complicata.

Spiegare una riforma di questo genere non era facile, specie perché segnava una profonda discontinuità rispetto a una stagione politica – precedente ma anche successiva – nella quale gli elettori erano abituati a sentire i governi annunciare soltanto sempre nuove spese o riduzioni di tasse finanziate con il debito, annunci per fortuna non sempre mantenuti.

La nostra strategia di comunicazione per la riforma delle pensioni si concentrò sugli effetti intergenerazionali e sul distacco da comportamenti individuali e di politica economica che potevano compromettere il futuro economico degli italiani di domani, cioè dei figli e dei nipoti degli italiani di oggi.

Nel parlare di quella riforma difficile, così come di tutti gli altri interventi poco piacevoli ai quali eravamo chiamati, stabilimmo che in pubblico e in Parlamento non avremmo mai detto che quei sacrifici erano da accettare perché l'Ue ce lo imponeva.

Non ho mai menzionato alcuna pressione esterna: questo era importante perché l'Unione europea stava diventando pericolosamente impopolare in quella fase, e visto il mio ruolo passato da commissario era alto il rischio che passasse un messaggio sbagliato. Cioè che le misure drastiche a cui eravamo costretti erano il risultato di una imposizione di Bruxelles, invece che la conseguenza inevitabile – che prima o poi era ovvio si presentasse – dei troppi rinvii degli anni precedenti, del continuo posticipare scelte difficili e dell'abuso del ricorso al disavanzo per finanziare la spesa corrente.

Il nostro messaggio, dunque, non era «facciamo questo perché ce lo chiede l'Unione europea», bensì «anche l'Unione europea ci sollecita questa misura, ma sappiamo che dobbiamo farlo prima di tutto per i nostri figli».

7. *La «casta» e i veri costi della politica*

Anche nel messaggio di presentazione del decreto, che poi il «Corriere della Sera» pubblicò in prima pagina, cercai di elaborare questi concetti. In quell'occasione ribadii consapevolezze maturate nel corso di tutta la mia lunga preparazione alla vita pubblica e poi confermate dall'esperienza di governo e dall'osservazione partecipe di quanto seguì alla fase dell'emergenza.

Per decenni in Italia si è sottovalutato il vero costo della politica, perfino negli anni nei quali era di moda prendersela, spesso con argomenti molto fondati, con la «casta».

Il vero costo della politica consiste nel fatto che chi governa tende a prendere decisioni tarate più sull'orizzonte di breve periodo, che guarda alla prossima scadenza elettorale, anziché sull'orizzonte di lungo periodo, dell'interesse del Paese, dei nostri figli, dei nostri nipoti.

Molte volte in passato, soprattutto quando l'Italia non era così intimamente inserita nel quadro europeo, quella politica aveva prevalso ed è a causa di quel modo di fare politica che i giovani italiani facevano – e ancora oggi fanno – così fatica a trovare lavoro, che abbiamo squilibri territoriali rilevanti tra Nord e Sud, che abbiamo un debito pubblico così grande.

Il debito pubblico degli italiani non è colpa degli europei, è colpa degli italiani, che in passato non hanno dato abbastanza peso, abbastanza attenzione, al benessere dei bambini, dei futuri adulti italiani, delle generazioni future.

La riforma delle pensioni e altri interventi previsti dal decreto Salva Italia avevano l'obiettivo di cercare di rimediare in un tempo molto breve alle scelte irresponsabili che si erano stratificate per anni. La sfida era quella di fare due cose insieme. Cioè mettere sotto controllo il nostro disavanzo e debito pubblico, così da essere guardati non come un focolaio sospetto di infezione dall'Europa, e di farlo con una attenzione particolare all'equità.

In questo senso era centrale la scelta di reintrodurre una imposta sulla casa. Infatti, oltre alla riforma delle pensioni, al rafforzamento della lotta all'evasione fiscale e a misure per ridurre la spesa pubblica e favorire la crescita, il decreto Salva Italia stabiliva l'anticipazione dal 2014 al 2012 dell'entrata in vigore dell'Imu, istituita dal governo Berlusconi con il decreto legislativo 14 marzo 2011. Il nostro decreto maggiorava le rendite catastali da assumere come base imponibile e ripristinava la tassazione sulle abitazioni principali.

Abbiamo dovuto distribuire dei sacrifici, certo, però abbiamo avuto grande cura nel distribuirli in un modo che ci è parso equo. Abbiamo preso misure significative contro l'evasione fiscale e abbiamo sottoposto anche gli stessi componenti del governo a una disciplina dimagrante significativa.

Lo sforzo di ripartire in modo equo il carico della manovra correttiva era finalizzato a chiarire che la pluralità di sacrifici chiesti agli italiani dovessero essere interpretati nella prospettiva di un risveglio dell'economia e della società italiane.

Per questo, assieme a tagli e tasse, abbiamo promosso anche uno sforzo che si è concretizzato nei mesi seguenti su concorrenza, lotta contro i privilegi, contrasto a nepotismi e rendite, a favore di una maggiore apertura.

Proposi di chiamare il decreto «Salva Italia», non soltanto per lo sforzo di salvare il Paese dall'imminente, possibile, tracollo finanziario. Ma anche per cercare di salvarlo dalla rassegnazione a politiche inefficaci e di corto respiro, molto pericolose perché nello sforzo di rimuovere temporaneamente i problemi li lasciano crescere fino a dimensioni tali che li rendono ingestibili.

A ogni campagna elettorale un po' tutti i partiti finiscono per dare lo stesso messaggio: che la crescita dipende soltanto dal taglio delle tasse (di solito è il messaggio della destra) o aumentando la spesa pubblica (più trasversale). Però non sono queste le uniche leve, come abbiamo provato a dimostrare a inizio 2012, quando adottammo, sempre con decreto legge, un pacchetto di riforme strutturali per la crescita.

Le riforme puntavano a rimuovere alcuni vincoli che hanno compresso per decenni il potenziale di crescita dell'Italia, uno su tutti: l'insufficiente concorrenza dei mercati.

Da tempo analisi dell'Ocse, spesso ignorate dalla politica italiana, evidenziavano infatti come l'adozione di misure di liberalizzazione che conducano a livelli di regolamentazione del settore dei servizi simili a quelli dei

Paesi con i migliori standard produrrebbe una crescita significativa della produttività totale dei fattori, quantificabile in oltre 10 punti percentuali, nei settori che impiegano tali servizi.

Altri studi sulla materia indicavano che una riduzione delle rendite nel settore dei servizi al livello medio degli altri Paesi dell'eurozona si sarebbe potuta associare, nel medio periodo, a un aumento del prodotto dell'11 per cento; il consumo privato e l'occupazione sarebbero cresciuti fino all'8 per cento, gli investimenti del 18 per cento, i salari reali di quasi il 12 per cento.

Ancora, analisi indipendenti relative all'impatto prodotto dalla rimozione di alcuni vincoli all'ingresso della grande distribuzione sui mercati locali evidenziavano nel comparto una riduzione dei profitti, una crescita della produttività e maggiori investimenti in tecnologia dell'informazione, senza effetti negativi sull'occupazione.

Il decreto provava dunque a rimuovere i vincoli burocratici per la concessione di licenze, così da permettere la crescita del tessuto imprenditoriale. Osava perfino toccare il politicamente radioattivo dossier dei taxi, con l'incarico all'Autorità dei Trasporti di svolgere un'attenta istruttoria città per città, sentiti i sindaci, per capire se era necessario aumentare il numero delle licenze.

Quel decreto voleva tenere insieme equità e concorrenza. L'apertura al mercato, incidendo in modo diretto sulle politiche aziendali delle imprese (quelle di grandi dimensioni, ma anche quelle piccole), è in grado di determinare una sensibile riduzione dei prezzi, con vantaggi evidenti per i consumatori.

A tutela dei consumatori erano previste anche misure che incentivavano la trasparenza e la semplificazione. Si trattava, anzitutto, dei nuovi provvedimenti che abolivano le tariffe professionali.

C'erano poi norme che imponevano un regime di trasparenza rafforzato in tema di clausole vessatorie e nuovi obblighi per le assicurazioni rc auto e la vendita di medicinali. E poi un punto a cui tenevo molto: l'introduzione di un nuovo regime per l'esercizio delle class action, affinché vi si potesse ricorrere più agevolmente.

Molte di quelle norme, pensate per l'interesse generale, sono poi state smantellate negli anni seguenti dai partiti che – passata l'emergenza – sono tornati sensibili alle pressioni degli interessi particolari.

Alcune però hanno continuato a produrre effetti di lungo periodo. Ancora nel 2023, una farmacista siciliana mi invitava all'inaugurazione di una farmacia «che abbiamo aperto grazie al concorso bandito dal suo governo».

Chiudeva il gentile messaggio con un doppio ringraziamento, «per aver salvato il Paese dalla catastrofe» ma anche «per aver dato uno scossone a un settore che era ingiustamente blindato da sempre e dato a tanti la possibilità di creare nuove e belle realtà come la nostra».

Perché preoccuparsi di misure di dettaglio come queste in un contesto nel quale la priorità era mettere in sicurezza i conti pubblici e allontanare dall'Italia lo scenario greco?

Ero consapevole che simili domande sarebbero arrivate presto, appena il governo avesse toccato interessi costituiti capaci di esercitare una notevole influenza sull'attività del Parlamento.

Visto che prevenire è meglio che curare, già nel discorso con il quale chiesi la fiducia in Senato, pochi giorni dopo il giuramento del governo, avevo spiegato perché gli interventi strutturali immediati, come la riforma delle pensioni, dovevano essere accompagnati da altre misure orientate a rendere meno ingessata l'economia, a facilitare la nascita di nuove imprese e poi indurne la crescita, a migliorare l'efficienza dei servizi offerti dalle amministrazioni pubbliche, a favorire l'ingresso nel mondo del lavoro dei giovani e delle donne, le due grandi risorse sprecate del nostro Paese.

L'obiezione che spesso si oppone a queste misure è che esse servono, certo, ma nel breve periodo fanno poco per la crescita. È un'obiezione – dissi ai senatori – dietro la quale spesso si maschera chi non vuole queste misure, non tanto perché non hanno effetti sulla crescita nel breve periodo, ma perché si teme che ledano gli interessi di qualcuno. Ma, evidentemente, più tardi si comincia, più tardi arriveranno i benefici delle riforme.

Soprattutto – ecco il legame tra misure per la crescita e la preoccupazione per l'immediato andamento dei mercati –, le scelte degli investitori che acquistano i nostri titoli pubblici sono guidate sì da convenienze finanziarie immediate, ma – mettiamocelo in testa – anche dalle loro aspettative su come sarà l'Italia fra dieci o vent'anni, quando scadranno i titoli che acquistano oggi.

Equità nei sacrifici e provvedimenti che creassero nuove opportunità per indicare una prospettiva di crescita dopo aver attraversato la stagione dell'emergenza e delle difficoltà non erano però gli unici due ingredienti della strategia del governo in quella fase.

8. Il legame tra sprechi e debito

Oggi pare un'epoca remota, perché dal 2011 ai giorni nostri si sono aperte e chiuse intere stagioni politiche, ma giova ricordare che l'Italia alle prese con la crisi finanziaria era anche un Paese che da anni discuteva, con passione e indignazione, dei costi della politica.

Il libro *La casta*, dei giornalisti Gian Antonio Stella e Sergio Rizzo, era uscito nel 2007 per Rizzoli ed era diventato un successo da un milione di copie, che poi avrebbe ispirato un intero filone sia editoriale sia politico, con l'ascesa del Movimento cinque stelle.

Da collaboratore di lungo corso del «Corriere della Sera», quando assunsi l'incarico di presidente del Consiglio chiamai l'allora direttore Ferruccio de Bortoli per chiedergli se potesse «prestarmi» uno o entrambi tra Stella e Rizzo. Lui lasciò la decisione finale agli interessati che purtroppo rinunciarono, preferendo continuare a denunciare gli sprechi invece di partecipare al difficile tentativo di ridurli.

9. La spending review di Calderoli

Oggi che il tema dei costi della politica è quasi sparito dall'agenda della discussione – in parte forse non piccola anche per le scelte del nostro governo – può risultare difficile credere che venissero presentate interrogazioni parlamentari perfino sulla cena di capodanno e le modalità di festeggiamento del presidente del Consiglio.

L'onorevole Roberto Calderoli della Lega, in Senato, aveva chiesto se io non ritenessi «inopportuno e offensivo verso i cittadini organizzare, in un momento di crisi come quella attuale, una festa utilizzando strutture e personale pubblici», cioè a Palazzo Chigi.

Gli risposi con un comunicato stampa che all'epoca ebbe un risalto sui media per me piuttosto sorprendente: «Il presidente Monti precisa che non c'è stato alcun tipo di festeggiamento presso Palazzo Chigi, ma si è tenuta presso l'appartamento, residenza di servizio del presidente del Consiglio, una semplice cena di natura privata, dalle ore 20.00 del 31 dicembre 2011 alle ore 00.15 del 1° gennaio 2012, alla quale hanno partecipato: Mario Monti e la moglie, a titolo di residenti pro tempore nell'appartamento suddetto, nonché quali invitati la figlia e il figlio, con i rispettivi coniugi, una sorella della signora Monti con il coniuge, quattro bambini, nipoti dei coniugi Monti, di età compresa tra un anno e mezzo e i sei anni».

Il comunicato riferiva anche – e questa è stata la parte che sembra aver colpito di più i giornalisti – alcuni dettagli utili a rassicurare l'onorevole Calderoli: «Tutti gli invitati alla cena, che hanno trascorso a Roma il periodo dal 27 dicembre al 2 gennaio, risiedevano all'Hotel Nazionale, ovviamente a loro spese. Gli oneri della serata sono stati sostenuti personalmente da Mario Monti, che, come l'interrogante ricorderà, ha rinunciato alle remunerazioni previste per le posizioni di presidente del Consiglio e di ministro dell'Economia e delle Finanze. Gli acquisti sono stati effettuati dalla signora Monti a proprie spese presso alcuni negozi siti in piazza Santa Emerenziana (tortellini e dolce) e in via Cola di Rienzo (cotechino e lenticchie). [Non venne mai appurato, peraltro, se il cotechino di cui si tratta fosse stato parte del noto Porcellum dell'interrogante Calderoli, N.d.R.]. La cena è stata preparata e servita in tavola dalla signora Monti. Non vi è perciò stato alcun onere diretto o indiretto per spese di personale».

L'eccesso di attenzione sui costi della politica era sicuramente nato da una preoccupante perdita di fiducia nella sua efficacia. Ma quella disaffezione aveva creato anche un contesto che ha permesso di intervenire in maniera incisiva sulla spesa pubblica, con una vera revisione che in seguito è stata sempre annunciata e mai davvero realizzata.

Dopo decenni di governi e leggi di bilancio che inseguivano il consenso con aumenti di spesa di dubbia utilità generale, gli elettori sembravano ben contenti di vedere un intervento deciso, che all'epoca andava sotto l'etichetta di «spending review».

C'è un legame stretto tra crisi del debito e sprechi di spesa pubblica. Lo Stato italiano, infatti, negli anni si è rassegnato a offrire rendimenti crescenti sui titoli di Stato per raccogliere finanziamenti per destinazioni in gran parte improduttive.

Quel sovrapprezzo sul debito equivaleva a un'ammissione: non si era disposti a interrompere il circuito che, attraverso il debito pubblico, consentiva il beneficio apparente di tutti.

Dei percettori della spesa pubblica generosamente elargita, dei risparmiatori che la finanziavano e ottenevano rendimenti elevati su Bot e altre obbligazioni pubbliche, dei governanti che soddisfacevano gli uni e gli altri venendone in cambio rieletti e scaricando il costo di questo intreccio sul futuro e sui nostri figli.

Se gli Stati Uniti si considerano un Paese fondato sul melting pot di culture, identità e provenienze diverse, l'Italia è stata a lungo fondata su un altro peculiare melting pot, un crogiuolo di interessi, tra categorie e regioni. Una composizione apparente, perché in realtà i conflitti distributivi e i costi reali venivano soltanto rinviati e accresciuti con gli interessi composti sul debito accumulato, ma non eliminati.

Come ho spiegato negli anni del governo e ho spesso ribadito anche dopo, quando il tema è passato di moda, arginare la corsa della spesa pubblica e tenere sotto controllo la dinamica del debito sono le precondizioni per la sostenibilità finanziaria del Paese e per una sua crescita sana. Ma i tagli devono avvenire in modo intelligente e selettivo.

Spending review non vuol dire solo «meno spesa», ma «migliore spesa». Vuol dire eliminare ciò che non è efficace o non ha ragioni di essere mantenuto e creare spazi per la spesa che produce crescita. Cioè quella per investimenti, che non deve necessariamente essere finanziata con ulteriore debito pubblico, come si è pensato di recente per effetto di una distinzione tra «debito cattivo» e «debito buono», che spesso risulta un po' difficile da interpretare per i creditori internazionali.

La spending review lanciata a inizio 2012 ha permesso di risparmiare 12 miliardi di euro e ulteriori risparmi erano previsti a regime, anche se poi diverse misure sono state cancellate nella legislatura seguente.

Avevamo ridotto le voci di spesa più vistose, oggetto di frequenti campagne giornalistiche, dagli stipendi dei manager pubblici ai benefit più costosi, come le auto blu. E poi abbiamo chiesto a Camera e Senato – nel rispetto della loro autonomia garantita dalla Costituzione – di decidere come tagliare le proprie spese di funzionamento e di intervenire sui vitalizi degli ex parlamentari.

Questa azione di contenimento dei costi nelle nostre intenzioni era soltanto l'inizio, visto che avevamo impostato una ottimizzazione della spesa pubblica ben più strutturale con la riduzione permanente di centri di spesa dalla dubbia utilità, come le Province.

Tra gli interventi che credo di poter rivendicare con maggiore orgoglio c'è la scelta del 14 febbraio 2012 di non candidare Roma alle Olimpiadi del 2020, una decisione presa su proposta dello stesso ministro dello Sport, il professor Piero Gnudi.

Non era una decisione facile quella di non firmare l'impegno che mi veniva richiesto dal Comitato olimpico internazionale per prendere in considerazione la candidatura di Roma all'Olimpiade del 2020.

Firmandolo avrei obbligato lo Stato, cioè in concreto i governi che sarebbero venuti negli anni successivi, a pagare ogni eventuale eccedenza di costi rispetto a quelli coperti dal comitato organizzatore.

Non volevo però che la percezione che stavamo faticosamente cercando di dare dell'Italia negli ambienti internazionali, nell'Ue, nei mercati, potesse essere compromessa da improvvisi dubbi, magari alimentati dai concorrenti dell'Italia nella sfida olimpica, circa la serietà dei propositi di risanamento finanziario del Paese.

In fondo, se ci trovavamo a fare i conti con una situazione economica così difficile era perché tante volte nel passato erano state prese, da governi d'ogni segno, decisioni senza avere molto riguardo a quali sarebbero state le conseguenze finanziarie negli anni successivi.

Forse un politico purosangue ed empatico avrebbe letto negli italiani, proprio in quel difficile inverno, la voglia di distrarsi dai pesanti sacrifici, la voglia di «sognare» le Olimpiadi. Avrebbe intravisto popolarità, voti e magari altri sostegni, di fronte a una decisione «coraggiosa», quella di dire «sì!», come voleva il fortissimo pressing di una grande maggioranza del Parlamento, dei dirigenti e di molti campioni dello sport, di vasti interessi imprenditoriali. Dopo tutto, gli aggravi per le casse dello Stato sarebbero venuti solo dopo qualche anno.

Eppure, secondo un sondaggio del «Corriere» di quei giorni, addirittura il 92 per cento dei cittadini interpellati diceva di condividere la decisione del governo.

Riqualificare la spesa pubblica significa domandarsi sistematicamente se le voci di bilancio, indipendentemente dalla loro anzianità di iscrizione, hanno ancora senso e sono congrue ai risultati da raggiungere, valutando la loro efficienza ed efficacia. La spending review deve diventare un metodo ordinario per la gestione corretta ed efficiente delle amministrazioni pubbliche, prima fra tutte quella statale.

Non si è trattato di misure a scopo demagogico, ero davvero convinto – e lo sono rimasto negli anni – che fosse necessario dare un esempio e che la premessa per l'efficacia di un approccio rigoroso al governo è che i componenti di quel governo si presentino essi stessi come rigorosi.

Per questo, dopo aver discusso la lista dei ministri con il presidente Napolitano, gli anticipai che avrei chiesto a ciascuno dei componenti del nuovo esecutivo di pubblicare online i documenti necessari a garantire una piena trasparenza non soltanto sulla provenienza dei redditi, ma anche sulle disponibilità patrimoniali. Così da ridurre al minimo la possibilità di eventuali conflitti di interessi. Tutti i ministri aderirono alla richiesta, che poi divenne una legge.

Una sola misura fu adottata sulla base di un mero calcolo di consenso: la tassa su yacht e barche che, devo riconoscerlo, ha causato disagi al settore della nautica superiori a quelli che avevamo preventivato.

Ma in quella fase il senso dell'intervento era anche simbolico: volevamo che passasse il messaggio che tutti i cittadini erano chiamati a contribuire ai sacrifici necessari, a cominciare da quelli più abbienti, quali sono nella stragrande maggioranza i titolari di barche.

10. Stato e Chiesa

Resta da raccontare un pezzo significativo di quella esperienza, cioè il rapporto con il papa dell'epoca, Benedetto XVI.

Durante le fasi di formazione del governo, il presidente del Senato Renato Schifani aveva messo a disposizione alcuni spazi di Palazzo Giustiniani, vicini a quelli a me assegnati come senatore a vita.

Lo studiolo antistante la Sala Zuccari – riservato di norma alla presidenza del Senato – era quindi diventato il luogo formale degli incontri con i rappresentanti dei partiti e della società civile, che così potevano più agevolmente recarsi nella stessa Sala Zuccari, terminato l'incontro, per le dichiarazioni di rito. Quello studiolo era stato utilizzato in passato da Giovanni Spadolini e Carlo Azeglio Ciampi per la formazione dei rispettivi governi. Per Ciampi sono state però numerose e prevalenti le consultazioni attraverso interlocuzioni telefoniche.

La sintesi politica e finale dei colloqui necessitò di alcuni giorni per comporsi e richiese molti incontri, sempre a Palazzo Giustiniani, per i quali il presidente Schifani mise a disposizione gli ambienti antistanti la Sala della Costituzione, il cosiddetto «scrigno», dove ne avvenne la sottoscrizione il 27 dicembre 1947.

Era in questi ambienti che la terna A-B-C – Angelino Alfano, Pier Luigi Bersani, Pier Ferdinando Casini – si riuniva con me per sciogliere alcuni nodi di contenuto per l'azione e la composizione del governo.

Durante una di queste riunioni mi venne chiesto di lasciare il tavolo per andare nella vicina Sala della Costituzione; quando risposi al telefono sentii una voce conosciuta: «Buonasera, professore. Mi fa molto piacere sentirla». Al telefono c'era Joseph Ratzinger, papa Benedetto XVI, che già in passato avevo incontrato.

Qualche anno prima, il 25 marzo 2007, si celebrava la ricorrenza dei cinquant'anni del Trattato di Roma: il giorno precedente, con una dozzina di altre personalità europee cattoliche – da Peter Sutherland a Michel Camdessus – avevo consegnato al pontefice un piccolo documento che la Comece, la Commissione degli episcopati della Comunità europea, ci aveva commissionato sui valori europei.

Era il momento in cui si discuteva in modo piuttosto acceso se la Costituzione europea – poi mai approvata – dovesse contenere un richiamo esplicito alle radici cristiane, o giudaico-cristiane, dell'Europa.

Avevo poi condensato in un articolo sul «Corriere della Sera» le tesi di quel documento e le mie personali convinzioni sul tema, cioè che è vero che i valori religiosi, e cristiani, permeano da due millenni l'Europa e ne hanno plasmato la grandezza civile, culturale, ma in quei due millenni, malgrado quei valori – e purtroppo talora in nome di quei valori –, l'Europa era stata teatro di infinite guerre. Nel 2007 era invece in pace, eccezionalmente, da cinquant'anni. Questo per effetto dell'integrazione. Il Trattato di Roma, pur non dichiarando valori etici, aveva indotto a praticarli.

Raramente si fa lo sforzo di analizzare se l'Unione europea opera in modo coerente, nei fatti, con i principi etici professati. Eppure è sufficiente osservare con attenzione le ricadute concrete delle politiche europee.

Per esempio, la promozione della solidarietà intergenerazionale (attraverso la disciplina delle finanze pubbliche e la politica per l'ambiente), o la parità di trattamento tra Stati grandi e piccoli, grazie al metodo comunitario. Non si tratta forse di interventi che rispondono a solidi principi etici, ben più di quanto sia avvenuto con le politiche praticate in vari Stati membri, benché ricchi di dichiarazioni etiche nelle loro costituzioni e nei loro programmi politici?

Quella telefonata di papa Benedetto durante i negoziati per il nuovo governo, dunque, mi faceva molto piacere, perché i nostri rapporti si fondavano proprio su un comune interesse per l'Europa e la sua dimensione valoriale.

«Spero di poterla presto incontrare di nuovo e chiamarla presidente», questo l'auspicio del papa. Gli risposi che ancora non si erano composti alcuni dissensi tra le forze politiche, ma che l'impegno da parte mia c'era. Il papa mi incoraggiò: «Serve tenere insieme l'Italia e l'Europa». La telefonata durò all'incirca dieci minuti.

Restituito il cellulare, che non era il mio, tornai nella stanza dove erano rimasti Alfano, Bersani e Casini:

«Sapete chi era al telefono?». Tutti pensarono a Napolitano: «Il presidente?». Qualche secondo e risposi: «Il papa».

Nei mesi successivi, il rapporto con il pontefice fu discreto, ma costante. Gli incontri ufficiali a Palazzo Apostolico e quelli privati, in alcuni casi familiari, oltre che in Vaticano e a Castel Gandolfo, furono sempre, per così dire, molto concreti: il papa era già informato in dettaglio delle questioni italiane ed europee e chiedeva non solo valutazioni e prospettive, ma anche notizie puntuali.

Per esempio, si interessava su come si poteva trovare un punto di incontro tra sindacati dei lavoratori e imprese, sulle posizioni dei partiti politici verso l'Europa e sulla disaffezione dei cittadini verso la politica. Non abbiamo mai discusso in generale del ruolo dei cattolici in politica, ma molto di come questi operassero nel concreto: in questo contesto abbiamo discusso anche l'atteggiamento poco amichevole dei tedeschi cattolici verso i greci (considerati attentatori alla stabilità dell'euro), ma anche a volte verso gli italiani, in alcuni Länder.

La sua non fu solo curiosità, ma anche cooperazione: mi assicurò, per esempio, un intervento diretto sul cardinale Reinhart Marx, suo successore come arcivescovo di Monaco, per correggere i pregiudizi interni ad alcuni partiti tedeschi verso l'Italia. Un intervento che produsse una certa mitigazione nei toni. Nei successivi incontri, ho scoperto che tra il papa e il cardinale Marx c'era stato un ricco carteggio.

Il punto centrale e ricorrente del nostro dialogo era la coerenza dell'impegno pubblico rispetto alle idee: «Non basta dare il buon esempio, serve rendere conto e ragione delle scelte», queste le parole lapidarie di Benedetto. La spiegazione e la giustificazione dell'azione di governo sembrava a entrambi una necessità ineludibile.

Nell'estate del 2012, nella residenza estiva di Castel Gandolfo, il papa mi confidò che era proprio lì che trovava ispirazione per le decisioni e gli scritti più importanti. Con una qualche ingenua spontaneità commentai che in effetti il luogo sembrava proprio un paradiso e, senza ponderare bene le parole, aggiunsi: «Ma Lei Santità merita il Paradiso». Divertito lui chiosò: «Grazie presidente per avermi mandato in Paradiso». Il suo sorriso rendeva più leggera la mia gaffe.

Durante un'udienza che Benedetto XVI mi concesse nel 2013, ho anche appreso che era stato proprio a Castel Gandolfo e proprio nell'estate della mia gaffe che aveva deciso di ritirarsi. In quell'occasione parlammo anche dell'ipotesi di un mio impegno diretto alle elezioni, con il progetto di Scelta Civica. Senza prendere posizione nel merito, il papa mi ricordò quanto era stato decisivo l'impatto di Konrad Adenauer dopo la Seconda guerra mondiale nel determinare la traiettoria della Germania: «Un solo voto può fare la differenza».

Papa Benedetto mi raccontò anche di aver avuto un rapporto particolare con il cardinale Carlo Maria Martini, al quale io stesso ero molto legato. Anche se le due personalità rappresentavano modi certo differenti di interpretare il ruolo della Chiesa nella contemporaneità, Benedetto mi confidò, in pochi lo sanno, che fin dal 2005 aveva potuto contare su parole di sostegno da parte del cardinal Martini, poi scomparso nel 2012.

Col papa non abbiamo mai discusso di questioni che,

invece, secondo i giornali dell'epoca, erano al centro delle interlocuzioni tra governo e Santa Sede, per esempio la questione dell'Imu sugli immobili in uso agli enti religiosi. Una vicenda comunque rilevante nell'azione dell'esecutivo e con qualche implicazione di interesse generale.

Il nodo era il seguente: se l'attività svolta in un bene di proprietà religiosa è di tipo commerciale può essere concesso un beneficio fiscale?

La segreteria di Stato vaticana e la Conferenza episcopale italiana guidata dal cardinale Angelo Bagnasco sono stati gli interlocutori necessari per risolvere una questione che, diversamente, avrebbe rappresentato una distorsione, non solo e tanto sul piano giuridico, ma anche e soprattutto a livello di opinione pubblica e di percezione comune.

Informato per correttezza diplomatica il segretario di Stato, il dialogo con la Conferenza episcopale è stato all'insegna del rigore e della trasparenza. Alla fine si introdusse un criterio di buon senso e di legalità: non poteva sussistere alcun beneficio per le parti di immobile destinate a uso commerciale.

La soluzione legislativa adottata non è stata contrastata né dal presidente della Cei Bagnasco, né dal segretario generale monsignor Mariano Crociata, nonostante entrambi avessero dovuto assumere e condividere con le istituzioni civili l'onere gravoso di motivare la novità fiscale a un mondo ricco di sensibilità diverse.

Con il governo abbiamo trovato più difficoltà in Parlamento e nei rapporti con i partiti che con le istituzioni ecclesiastiche. Alcuni rappresentanti di partiti in Parlamento erano poco convinti della necessità dell'intervento normativo. Si trattava, in definitiva, di far accettare l'idea di trattare in modo eguale situazioni ragionevolmente eguali e in maniera differente situazioni oggettivamente differenti.

Occorre aggiungere che dentro il governo i ministri considerati più vicini a una ascendenza culturale cattolica – Balduzzi, Riccardi, Ornaghi – hanno condiviso l'opportunità che la questione fosse trattata dai soli colleghi competenti per materia.

11. La fine di un'epoca

Questi provvedimenti di principio non potevano che essere accompagnati da altri, più sistematici e stringenti, che cercassero di introdurre un maggiore tasso di legalità nella pubblica amministrazione.

A novembre 2012, nelle sue ultime settimane di attività con pieni poteri, il nostro governo ha dunque approvato un pacchetto di norme per la prevenzione e la repressione della corruzione e dell'illegalità nella pubblica amministrazione, diventato noto come «legge Severino», dal nome della ministra della Giustizia.

Ripercorrere alcuni tratti di quella vicenda specifica è utile, ai fini del ragionamento di questo libro, per valutare come si intrecciano le scelte di policy e quelle di politics, l'azione concreta del governo e gli interessi dei partiti che lo sostengono.

Quella legge – che poi è stata oggetto di infiniti dibattiti, modifiche, ma che nella sostanza ha retto fino a oggi – prevedeva, tra l'altro, l'introduzione di una nuova Autorità anticorruzione, una serie di norme per la trasparenza degli appalti pubblici, e la delega al governo a regolare in modo più stringente la disciplina dell'incandidabilità e il divieto di ricoprire cariche elettive in seguito a condanne definitive per delitti non colposi.

Quest'ultima parte è quella che avrebbe portato alla ben nota decadenza di Silvio Berlusconi da senatore nel 2013, e, dunque, per la rilevanza dell'evento e del protagonista, serve una premessa.

Al momento di formare il governo, la scelta del ministro della Giustizia non era stata facile. Nella fase delle consultazioni io avevo le idee molto chiare su alcuni ministeri cruciali in materia economica, molto meno riguardo ad altre posizioni, certo importanti ma lontane dagli ambiti dei quali mi ero sempre occupato.

Nei confronti con i leader dei partiti che sostenevano la maggioranza – Angelino Alfano per il PdL, Pier Luigi Bersani per il Pd, Pier Ferdinando Casini per l'Udc – erano emersi alcuni punti delicati.

Il primo sostenitore della maggioranza era Silvio Berlusconi, che notoriamente con magistrati e avvocati aveva sempre avuto rapporti molto diretti e piuttosto intensi. Quello del ministro della Giustizia non poteva dunque essere un nome in alcun modo associato alle vicissitudini personali dell'ex presidente del Consiglio: non un magistrato che lui percepisse come immediatamente ostile, ma neppure qualcuno della vasta area di riferimento di Berlusconi in materia penale.

Quando, in una prima fase, avevo auspicato la presenza di Gianni Letta nel governo, avevo anche chiarito che poteva essere persona molto adatta a molti ministeri, ma non a quello della Giustizia.

Serviva una persona di forte reputazione e grande integrità, ma distante da Berlusconi. Convergemmo così su Paola Severino, tra i più noti avvocati italiani, che però io non conoscevo personalmente.

Per gestire la questione Berlusconi, suggerii ai leader di partito che fosse proprio lui a chiamare Paola Severino e a proporle il ministero. Avevo più volte osservato il processo di incarnazione dei «satelliti» nella sua persona che Berlusconi palesava ogni volta che si trattava di annunciare, con orgoglio, l'arrivo di un campione al Milan o una nomina europea promossa da un governo da lui presieduto.

E così andò: Berlusconi, a nome mio ma evidentemente consentendo, offrì il ministero della Giustizia a Paola Severino, che con spirito di servizio lasciò per quella fase la sua importante attività di docente universitaria e professionale per entrare nel governo.

Visto come poi sono andate le cose, è un dettaglio che mi pare rilevante.

Qualcuno si è stupito che un governo guidato da un professore e con un avvocato come ministro della Giustizia abbia adottato norme che poi sono state apprezzate soprattutto dai partiti con le posizioni più radicali in materia penale, come il Movimento cinque stelle.

Nessuno di noi aveva certo la fama di «manettaro», ma da commissario europeo alla Concorrenza avevo apprezzato l'importanza di abbinare all'attività di governo una certa capacità di azione per imporre il rispetto delle regole, con ispezioni a sorpresa all'alba, acquisizioni di documenti, applicazione severa delle regole anche e soprattutto ai soggetti che potevano essere tentati dal sentirsene al di sopra.

Inoltre sapevo – come tutti, del resto – che tra le ragioni di perplessità di molti investitori internazionali riguardo all'Italia c'era la percezione di un qualche senso di impunità della sua classe dirigente, spesso propensa a interpretare le regole in modo discrezionale e a piegarle alle esigenze personali.

È con questo spirito che arrivammo al Consiglio dei ministri del 6 dicembre 2012, per discutere delle disposizioni in materia di incandidabilità e decadenza da cariche elettive a seguito di sentenze di condanna definitiva che, oltre alla parte penale di stretta competenza della ministra Severino, coinvolgevano rispettivamente anche il ministro della Pubblica amministrazione Filippo Patroni Griffi e la ministra dell'Interno Annamaria Cancellieri.

Il 6 dicembre, in particolare, era il giorno in cui, sulla base delle osservazioni raccolte nelle commissioni parlamentari, il governo doveva adottare il decreto delegato che non sarebbe più stato da discutere in aula se non, eventualmente, quanto alla conformità con la delega votata.

Ci trovammo quindi a discutere i dettagli su questioni come decadenza e incandidabilità: numero di anni di sospensione, gravità del reato, requisiti di incandidabilità.

Fu una lunga riunione del Consiglio dei ministri, sospesa a più riprese perché Severino, Patroni Griffi, Cancellieri e io ci allontanavamo dalla Sala Consiglio per andare nella saletta accanto e conferire al telefono con Gianni Letta e con l'avvocato di Berlusconi, e parlamentare, Niccolò Ghedini, in seguito prematuramente scomparso. Non so chi altro ci fosse dall'altro lato del telefono ad ascoltare.

Eravamo ben consapevoli della delicatezza della norma per i destini dell'onorevole Berlusconi, anche in quella fase coinvolto in numerosi processi, ma certo non potemmo accogliere alcune richieste di attenuazione del provvedimento, che apparivano eccessive.

Il 26 ottobre 2012 i giudici del tribunale di Milano avevano condannato Berlusconi per frode fiscale, per una «evasione fiscale notevolissima» legata a diritti televisivi. Una condanna che poi sarebbe diventata definitiva nel 2013.

Dopo il Consiglio dei ministri, quella sera del 6 dicembre 2012, ero ospite a cena della Comunità di Sant'Egidio, con il ministro della Cooperazione Andrea Riccardi, monsignor Vincenzo Paglia e altri commensali. In parallelo si svolgeva un'altra cena, a Palazzo Grazioli, dove l'universo Berlusconi doveva decidere che atteggiamento tenere verso il governo, anche alla luce degli ultimi eventi, su tutti l'approvazione della legge Severino.

A quanto mi risulta, in quella riunione si confrontavano due linee: quella più moderata e pragmatica di Gianni Letta, che voleva mantenere un rapporto costruttivo con il governo nell'ultimo scorcio di legislatura, e quella più di rottura, incarnata da Renato Brunetta, tra i più ostili di quello schieramento al governo di emergenza, un po' come tutti gli ex ministri che si erano sentiti esautorati.

Brunetta si prese l'incarico di stilare una posizione ufficiale del PdL sul governo e la legge Severino, ma il risultato apparve così ostile che Gianni Letta chiese di ricominciare da capo.

Poi, per una di quelle vicende minime che finiscono per avere conseguenze ben superiori alla loro rilevanza intrinseca, Gianni Letta venne sollecitato dalla moglie a presentarsi a una cena alla quale avevano promesso di partecipare: la signora, che già si trovava nel luogo della cena, spiegò al marito che in sua assenza sarebbero stati in tredici a tavola, e questo avrebbe messo a disagio alcuni dei commensali. Letta lasciò quindi la riunione e le tesi più negative sul governo prevalsero.

Dopo la partecipazione alla prima della Scala la sera del 7 dicembre, l'indomani partii per Cannes, per un intervento a un importante convegno promosso dall'Institut Français des Relations Internationales.

Poco più di un anno prima, proprio a Cannes, in un drammatico G20, gli esponenti del precedente governo avevano sperimentato la pressione della sfiducia internazionale sulle prospettive dell'Italia; in quella riunione, di fatto, era finito il governo Berlusconi, nonostante le rassicurazioni sul fatto che i ristoranti e le autostrade fossero pieni.

Il clima, in quel finale del 2012, era radicalmente diverso. La città era la stessa, ma la percezione dell'Italia dall'estero era fortemente positiva, non senza ammirazione, per gli sforzi fatti in quei lunghi dodici mesi, dal governo ma anche dai partiti che lo sostenevano – gli stessi che un anno prima erano considerati incapaci di adottare misure coraggiose senza una completa cessione di sovranità a istituzioni sovranazionali – e soprattutto dai cittadini italiani.

La mia soddisfazione per quel cambio di percezione venne però seriamente turbata dalla lettura delle dichiarazioni del segretario del PdL Angelino Alfano che, forse suo malgrado, si faceva interprete della linea ostile decisa durante la riunione serale a Palazzo Grazioli e in Parlamento dichiarava di considerare «conclusa l'esperienza del governo Monti» che, secondo Alfano, aveva «subito i diktat del Pd e della Cgil».

Nelle schermaglie interne al centrodestra, ho appreso poi dai diretti protagonisti, quelle dichiarazioni non avevano l'intenzione di portare a dimissioni immediate – come ha cercato di chiarire subito Alfano – ma io non potevo che prenderne atto. Non avendo chiesto io di governare, se il partito più numeroso tra quelli che con una così larga fiducia mi avevano chiesto di farlo, il PdL, pronunciava una valutazione talmente negativa sul nostro operato, io non volevo che restassimo un giorno di più.

Così l'8 dicembre da Cannes chiesi udienza al presidente Napolitano per il tardo pomeriggio di quello stesso sabato. Giunto a Roma, salii al Quirinale e annunciai al Capo dello Stato le dimissioni, che sarebbero divenute efficaci una volta approvata la legge di bilancio. Intanto Berlusconi, dopo aver cancellato le primarie sul futuro del centrodestra, si preparava di nuovo a correre come leader della stessa coalizione che aveva guidato l'Italia fino alla crisi finanziaria del 2011, salvo la scissione del gruppo che poi avrebbe fondato Fratelli d'Italia.

Una stagione era comunque finita, anche per Berlusconi, sul quale è opportuno soffermarsi ancora, vista la rilevanza del personaggio. Nel 2011, alle prime avvisaglie della crisi finanziaria, il presidente Napolitano si trovava a gestire una doppia sfida: quella di guidare il Paese attraverso una tempesta di natura economica e prevenirne una di natura politica.

Dopo una breve fase di riconciliazione nazionale, all'inizio di quella legislatura, la figura di Berlusconi era tornata polarizzante come mai prima, tra processi, rivelazioni sulla sua vita privata, tentativi di inglobare tutte le anime del centrodestra e reprimere il dissenso.

In un suo famoso film del 2006, *Il Caimano*, il regista Nanni Moretti aveva rappresentato una immaginaria fine della stagione berlusconiana che si consumava nei tribunali e nelle piazze, in un crescendo di tensione al limite della guerra civile.

Quella distopia permeava i timori di molti, in quel finale di 2011: se il suo mentore, Bettino Craxi, era stato congedato con il lancio di monetine all'apice di Tangentopoli, nel 1993, il finale politico di Berlusconi si annunciava molto più problematico.

L'unica alternativa a questi scenari preoccupanti era stata evocata più volte, anche dallo stesso Berlusconi, e prevedeva una qualche forma di salvacondotto, politico e giudiziario: che fosse la nomina a senatore a vita, o una soluzione politica alle sue vicende giudiziarie.

Il governo Renzi, per ultimo, nel 2014 ha cercato di cancellare la condanna a Berlusconi, nell'ambito delle trattative sulla scelta del presidente della Repubblica, con una norma approvata senza clamore la vigilia di Natale e poi ritirata dopo la denuncia dei giornali.

Adesso che la vicenda umana, oltre che quella politica, di Berlusconi si è conclusa, credo si possa riconoscere che l'epilogo è stato assai diverso da quello che l'interessato auspicava: non c'è stato alcun salvacondotto, nessuna cancellazione di responsabilità.

Berlusconi è stato indirizzato ad approvare le politiche rigorose che da presidente del Consiglio non aveva voluto e potuto introdurre; ha perfino votato la legge Severino che, un anno dopo la sua approvazione, ne avrebbe determinato la decadenza da senatore dopo la condanna definitiva per frode fiscale.

Tutto questo è avvenuto in modo relativamente ordinato, senza le temute tensioni nei palazzi e nelle piazze, l'unico episodio da registrare – che ha fatto intravedere quanto sarebbe potuto succedere in modo meno simbolico e più sostanziale – è stata la protesta dei parlamentari del PdL davanti al tribunale di Milano per un'udienza di uno dei processi di Berlusconi nel 2013.

A posteriori, va riconosciuto a Napolitano di aver saputo guidare il Paese con mano ferma e con il pieno rispetto nei confronti del Parlamento, attraverso due passaggi così difficili come l'emergenza finanziaria e la fine di una polarizzante stagione politica, senza cedimenti e senza concessioni. Il modo in cui Napolitano ha affrontato la prima delle due sfide, ha agevolato la gestione dell'altra.

Silvio Berlusconi ha avuto un funerale di Stato, nel quale è stato riconosciuto il suo ruolo centrale nella politica italiana negli ultimi trent'anni, ma nessun salvacondotto o sconto sulle sue responsabilità amministrative e giudiziarie.

6.
Come l'Italia si è salvata da sé: alleanze e battaglie in Europa (2011-2013)

1. Recuperare la sovranità di un'Italia sotto attacco

Di quella fase breve e lunghissima insieme resta da raccontare quello che forse è stato l'aspetto più significativo, cioè la battaglia, soprattutto ma non soltanto europea, per difendere la sovranità dell'Italia e recuperare uno spazio di autonomia.

Per salvare il Paese, certo, ma anche perché soltanto un'Europa che può contare su un'Italia nel pieno delle sue facoltà è un'Europa forte, che può ambire a un rapporto paritario con gli Stati Uniti e a essere protagonista nel mondo.

Ripercorrere quel periodo non è soltanto un esercizio di memoria, credo, ma un utile spunto di riflessione, in una fase storica nella quale si fa frequente ricorso al concetto di interesse nazionale, senza però che ci siano poi strategie coerenti per perseguirlo.

Mentre l'Europa viene presentata come un ostacolo

da superare, invece che come il più efficace strumento a disposizione dell'Italia per raggiungere i propri obiettivi, primo dei quali non vedere limitata la propria sovranità per effetto dell'indebitamento accumulato negli ultimi decenni.

Nel novembre 2011, al momento del mio ingresso a Palazzo Chigi, l'Italia non era mai stata così isolata e priva di qualunque leva a livello internazionale.

I sorrisi di intesa e le risatine della cancelliera tedesca Angela Merkel e del presidente francese Nicolas Sarkozy alle domande dei giornalisti su Berlusconi erano un ricordo recentissimo – poche settimane prima – e umiliante anche per chi non condivideva le scelte del governo precedente. Indicavano un problema di credibilità per l'Italia tutta.

La prima cosa da fare, dunque, era rompere quell'isolamento e ricostruire un rapporto con Francia e Germania, gli altri due Paesi fondatori dell'Unione europea con i quali l'Italia doveva interagire se voleva essere parte delle decisioni rilevanti.

2. *I precedenti con Angela Merkel e Nicolas Sarkozy*

Subito dopo il mio insediamento, Merkel e Sarkozy chiamarono per congratularsi: «Siamo molto contenti di questa soluzione» dissero «la sosteniamo, avevamo anche pensato di venire entrambi a Roma per manifestare appoggio, poi abbiamo pensato che sarebbe stato visto come una interferenza e allora abbiamo pensato, per evitare che lei venga prima a Berlino poi a Parigi o viceversa, di vederci insieme a Strasburgo».

La trovai un'idea brillante: Strasburgo è in Francia,

ma è anche una delle due sedi del Parlamento europeo, dunque una sorta di campo neutro. Un incontro a tre in una città con quel valore simbolico avrebbe immediatamente chiarito il cambio di fase e il ritorno dell'Italia al tavolo delle decisioni.

Però sapevo che non potevo arrivare a mani vuote. Ma cosa portare? Come dare un segnale concreto che l'Italia poteva smettere di essere un problema per Francia e Germania e diventare invece un utile alleato?

Pensai che la Francia, padrona di casa, avrebbe particolarmente apprezzato un impegno sulla Tobin Tax sulle transazioni finanziarie. Era un progetto che, a livello europeo, stava molto a cuore a Parigi, ma era avversato da altri Paesi: intellettualmente non mi convinceva fino in fondo, ma cambiare la posizione dell'Italia – da ostile a favorevole – su quel dossier avrebbe indicato in modo concreto un nuovo inizio. Il costo politico sarebbe stato basso, perché l'evoluzione italiana non avrebbe avuto grandi impatti concreti sul negoziato (a livello interno, poi, noi la introducemmo in modo unilaterale, oltre a sostenerla in Europa).

Nell'approntare quel vertice avvertii, forse per la prima volta, la sensazione di essermi davvero preparato tutta la vita per quel momento e quell'incarico, quasi come se una serie di incontri ed esperienze accumulate negli anni rivelassero infine la loro vera utilità.

Con Angela Merkel ci eravamo conosciuti a un Consiglio dei ministri dell'Ambiente a Lussemburgo, credo nel 1997, quando ero andato a perorare (inascoltato) la necessità di introdurre una tassa europea sulle emissioni di anidride carbonica. Merkel era – appunto – una giovane ministra dell'Ambiente, che di lì a pochi mesi si sarebbe però trovata all'opposizione, dopo la sconfitta del suo mentore Helmut Kohl.

Durante gli anni dell'opposizione, più avanti, venne a trovarmi a Bruxelles, quando, da commissario alla Concorrenza, mi stavo occupando del controverso dossier delle Landesbanken e delle Sparkassen.

Al governo in Germania c'erano Spd e Verdi e Merkel venne a trovarmi per appoggiare l'azione della Commissione. Certo, lo faceva anche per logiche di politica interna, ma apprezzai comunque.

Qualche anno dopo venne ospite della sindaca di Milano Letizia Moratti alla prima della Scala. Ci salutammo nell'intervallo: «Si ricorda quella volta che mi è venuta a incoraggiare a Bruxelles sulle Landesbanken?» le chiesi. E lei: «Sì certo, ora che sono al governo non so se farei lo stesso».

Wolfgang Schaeuble, il ministro delle Finanze di Merkel che sulle questioni dell'euro pesava moltissimo, lo conoscevo da ancora più tempo. Nel 1995 ero arrivato da poco alla Commissione europea, e avevo deciso di andare a trovarlo a Bonn: Schaeuble, che era capogruppo della Cdu/Csu, nel 1994 aveva firmato un influente documento assieme a Karl Lamers sul futuro dell'Europa. Era il primo dei tanti progetti di un'Unione a più velocità che rischiava di lasciare l'Italia nella cerchia di quelli più lenti nell'integrazione.

Molti anni prima di trovarci a discutere di come salvare l'Italia e l'eurozona, ci eravamo già misurati con questioni concrete di policy, sia con Merkel sia con Schaeuble. E lo stesso era successo, in modi diversi, con Nicolas Sarkozy.

Prima di arrivare all'Eliseo, Sarkozy era stato ministro delle Finanze: ci eravamo confrontati su un dossier molto delicato, quello degli aiuti di Stato al gruppo industriale francese Alstom. Sarkozy veniva a Bruxelles con folte delegazioni, che includevano anche la sua prima moglie Cécilia Attias, un dettaglio che non passava inosservato.

Poi nel 2007 era diventato presidente della Repubblica e nel maggio di quell'anno avevo ricevuto una sua lettera di invito a partecipare alla Commissione Attali, che aveva l'obiettivo di rilanciare la crescita della Francia. C'erano sette stranieri, scelta non ovvia per un Paese orgoglioso come la Francia, di cui due italiani: Franco Bassanini e io.

Nello staff della Commissione Attali, come sottosegretario aggiunto, c'era un giovane di ventinove anni che si faceva notare: Emmanuel Macron.

Senza tutti quei rapporti pregressi, sarebbe stato molto difficile capire come approcciare il vertice di Strasburgo e decidere da dove cominciare per ricostruire la credibilità perduta del Paese.

Ma, per fortuna, ci conoscevamo, e avevo maturato alcuni strumenti di lettura delle situazioni che mi risultavano preziosi: per esempio il fatto che Sarkozy avesse come priorità assoluta la parità di trattamento tra Francia e Germania. Ogni scelta, ogni mossa diplomatica che avesse riconosciuto una qualche supremazia tedesca – della quale, almeno in termini di influenza sulle decisioni europee, anche Sarkozy era ben consapevole – avrebbe incontrato la rigidità, se non l'opposizione, dell'Eliseo.

3. Incontriamoci a Strasburgo

Quell'incontro a tre a Strasburgo, nel palazzo della prefettura, il 24 novembre 2011, si sarebbe potuto giustificare anche soltanto con la conferenza stampa finale e le immagini di un'Italia che – dopo le sgradevoli risatine delle settimane precedenti – tornava da protagonista, presentata come alla pari dei due grandi Paesi dell'Europa.

Il vertice si rivelò importante anche per un'altra ragione, meno visibile ma più densa di conseguenze. In quei mesi gli esponenti di Francia e Germania non perdevano occasione per sollecitare la Bce a intervenire secondo i propri interessi: i francesi sollecitavano una riduzione dei tassi di interesse per ridurre il costo del debito e favorire la crescita, i tedeschi invece chiedevano un aumento per tutelare il risparmio e prevenire i rischi di inflazione.

Il risultato di quella cacofonia era che qualunque mossa della Bce rischiava di essere ponderata sulla base di valutazioni politiche. E questo, per l'Italia, era esiziale, perché significava rendere quasi impossibili interventi di sostegno davvero efficaci.

Proposi dunque a Merkel e Sarkozy quella che, in modo forse eccessivamente pomposo, decidemmo tra noi di chiamare «dottrina del silenzio simmetrico»: cioè un impegno reciproco a non dire nulla in pubblico su cosa la Bce doveva o non doveva fare, così da evitare che la banca centrale potesse essere accusata di accondiscendere alle pretese di un Paese o di un altro.

La più approfondita biografia della cancelliera Merkel, scritta da Ralph Bollmann (*Angela Merkel: Die Kanzlerin und ihre Zeit*), colloca l'inizio della svolta, che poi portò alle decisioni dell'Eurosummit del giugno 2012 e nel luglio dello stesso anno al ben noto discorso del «Whatever it takes» di Mario Draghi, nell'incontro del 24 novembre 2011 a Strasburgo.

Per la prima volta, ha scritto Bollmann, Merkel si sentì ingaggiata in un dialogo pragmatico, non «costretta» a dar prova di rigidità. E la Bce, se ci sono forze che pubblicamente chiedono determinate cose, non può fare altro che negarle, per non essere accusata da altri di avere derogato alla propria indipendenza.

Fin da quelle prime settimane di governo avevo ben chiaro che la crisi dell'euro – e dunque dell'Italia – sarebbe continuata fino a quando non ci fosse stato il necessario consenso politico per far intervenire la Bce. Che lo avrebbe fatto, come sempre, nel pieno della sua autonomia.

Ma quella autonomia è libera di esercitarsi soltanto quando non ci sono troppe pressioni politiche che trasformano le sue scelte nel successo (o insuccesso) politico di un Paese. E il Paese le cui aspettative devono trovarsi allineate con quelle della Bce, perché quest'ultima possa davvero agire, è, ovviamente, la Germania.

Come presidente del Consiglio e ministro dell'Economia, avevo impostato il mio lavoro con l'obiettivo di rendere il più fluidi possibili i rapporti con tutte le istituzioni europee, con un occhio particolare alla Bce.

Per fortuna potevo contare su una squadra di altissimo livello di persone che conoscevano bene Bruxelles e Francoforte. La successione alla guida della Banca d'Italia, con la nomina di Mario Draghi alla Bce, aveva generato qualche tensione, per la necessità di scegliere tra figure diverse, tutte di alto profilo: tra Fabrizio Saccomanni, direttore generale della Banca d'Italia e dunque naturale erede di Draghi, e Vittorio Grilli, direttore generale del Tesoro con Giulio Tremonti ministro, alla fine era emerso il nome autorevole di Ignazio Visco, allora a capo dell'ufficio studi della Banca d'Italia.

Anche se al Tesoro c'era stata un'evidente discontinuità di vertice, perché io avevo preso il posto di un ministro dal forte peso politico come Tremonti, sul resto mi ero impegnato a garantire una continuità che favorisse l'efficacia, soprattutto grazie alla nomina di Vittorio Grilli prima a viceministro e poi a ministro. Con il ministro per gli Affari europei Enzo Moavero Milanesi, Grilli, e con l'ambasciatore Ferdinando Nelli Feroci come rappresentante permanente dell'Italia presso le istituzioni europee potevo contare su una squadra senza rivali. E, nel pieno rispetto delle reciproche prerogative, non mi privavo certo delle preziose interlocuzioni con Visco che, in quanto governatore, sedeva nel governing council della Bce.

La principale difficoltà era che non sapevamo se ci sarebbe stato abbastanza tempo per affrontare i problemi e provare a risolverli, perché nonostante l'immediato recupero di credibilità da parte dell'Italia, la tensione sui mercati era destinata a perdurare fino a quando non ci fosse stato un cambio di clima politico che permettesse alla Bce di intervenire in modo risolutivo, e non con tutti i paletti e vincoli che avevano reso la sua azione nel 2011 insufficiente, se non addirittura dannosa.

4. Barack Obama: «Spiegami come si deve affrontare Angela»

Con Obama non ci eravamo mai incontrati prima dell'inizio del governo, ma qualcuno gli aveva spiegato che avevo studiato negli Stati Uniti e che avevo molto rispetto di quel Paese e della sua cultura, in particolare per quella economica.

Ci parlammo la prima volta mentre lui era in volo sul Pacifico: una telefonata piena di fiducia, con l'augurio di vederci presto di persona.

Certe ritualità americane le padroneggiavo meno di quelle europee. In una breve conferenza stampa con il segretario di Stato Tim Geithner, dopo un incontro in prefettura a Milano, il 7 dicembre 2011, feci per esempio una piccola gaffe.

Forte di quella generica promessa di Obama per un imminente incontro, mi permisi di dire: «Presto ci sarà una nostra visita alla Casa Bianca», ma gli americani non gradirono.

Nessuno può nominare la Casa Bianca senza coordinarsi con loro, men che meno autoinvitarsi, perché la data del primo invito alla Casa Bianca ha un grande valore politico, visto che arrivare prima o dopo qualcun altro può essere letto come una indicazione delle preferenze del presidente, dell'appoggio – o dell'ostilità – da parte dell'amministrazione.

Qualche settimana prima della visita, che poi era stata fissata per il 9 febbraio 2012, l'allora ambasciatore americano David Thorne mi chiese un incontro un po' irrituale e venne a Palazzo Chigi con i suoi omologhi di Francia, Germania, e Gran Bretagna: «Vorremmo fare una discussione sul futuro dell'Europa e della sua economia» mi anticipò.

Era molto lusinghiero che si attribuisse al nostro governo e all'Italia un ruolo così centrale, ma certo aumentava la pressione. In vista del viaggio a Washington, l'ambasciatore Thorne mi anticipò quello di cui il presidente Obama avrebbe voluto parlare: «La domanda sarà su come interagire con Angela Merkel sulle questioni di politica economica. Si dice che voi riusciate ad avere un dialogo, anche se non siete sempre della stessa opinione».

In effetti quella fu la prima domanda di Obama quando ci sedemmo nello Studio Ovale. Mi ero preparato una sintesi drastica, ben sapendo quanto poco tempo il presidente americano può dedicare a ogni dossier: «Vale per la signora Merkel ma anche per quasi tutti gli esponenti del suo e degli altri partiti in Germania: i tedeschi considerano ancora l'economia una branca della filosofia morale e la crescita è la ricompensa per comportamenti eticamente corretti. Quindi è illusorio pensare di far cambiare opinione a un tedesco in materia di politica economica con i precetti keynesiani, pur molto rispettabili, che i tuoi consiglieri ti suggeriscono».

Obama era incuriosito. Continuai: «La Germania non acconsentirà mai a un cambio di atteggiamento in materia fiscale che legittimi spesa pubblica in deficit per favorire i consumi, perché questo, dalla loro prospettiva, non è eticamente giustificabile. Al contrario, un intervento sugli investimenti potrebbe essere moralmente compatibile perché destinato a produrre non un beneficio immediato, ma un impatto positivo sulle generazioni future».

Spiegai al presidente degli Stati Uniti che, a mio avviso, c'era quindi una piccola finestra di opportunità per agire su Merkel e sulla Germania, cioè cercare di ottenere l'approvazione di una politica di bilancio più accomodante in nome degli investimenti.

Come economista non ho avuto le soddisfazioni di altri, che si sono dedicati più intensamente di me all'attività di ricerca, non ho mai potuto ambire al premio

Nobel a Stoccolma; ma quel momento di pedagogia economica al presidente degli Stati Uniti mi ha riempito il cuore, specie visto che riguardava un tema così cruciale, al quale mi stavo dedicando senza risparmio.

Obama era molto preoccupato da quello che stava succedendo nell'eurozona: un'eventuale esplosione della moneta unica avrebbe indebolito l'Europa e questo per gli Stati Uniti era un potenziale problema; in più il 2012 era un anno elettorale. Una recessione innescata dal caos europeo avrebbe messo a rischio la rielezione di Obama che aveva, nel Partito repubblicano, un avversario credibile come il senatore Mitt Romney.

Nel corso di quella primavera Obama non ha mai fatto mancare il suo sostegno. In occasione di alcuni vertici importanti, si è particolarmente prodigato, consultandosi circa le modalità attraverso le quali avrebbe potuto facilitare i negoziati. Per esempio, chiamando direttamente Angela Merkel o Herman Van Rompuy.

5. A Camp David e Los Cabos Obama fa pressione sulla Merkel

Quella relazione così diretta con Obama ha poi generato qualche tensione a livello europeo. Al G8 di Camp David del 18 maggio 2012, al termine dei lavori, ci trovammo nella residenza del presidente con Merkel e il neoeletto François Hollande per una discussione molto operativa sulle successive mosse per la gestione della crisi. Barroso e Van Rompuy, in quanto vertici delle due istituzioni che governavano la Ue, non gradirono l'esclusione.

Un problema simile si presentò al G20 di Los Cabos, in Messico, un mese dopo. In una pausa dei lavori, Obama si era detto disponibile a tentare un'ulteriore pressione sulla Germania. Noi avevamo fatto avere al presidente americano una nota su quello che consideravamo lo strumento giusto per fermare la crisi dell'euro, cioè interventi diretti della Bce sul mercato quando i rendimenti sui titoli di Stato avessero superato una soglia di guardia.

Quando ci sedemmo con Angela Merkel, Obama fece circolare il documento e lo presentò come «the italian paper». La cancelliera rimase, comprensibilmente, piuttosto sorpresa e seccata nell'apprendere che esisteva un documento sul futuro dell'eurozona che veniva discusso tra Italia e Stati Uniti senza che lei ne sapesse nulla.

6. *Con Hollande la Francia si stacca dalla Germania e si schiera con l'Italia*

Quel documento era abbastanza simile a quello che ci trovammo a discutere a Roma la sera del 21 giugno 2012 con Ignazio Visco, Vittorio Grilli e anche Mario Draghi. Mancava una settimana al Consiglio europeo decisivo, ma Draghi era molto negativo: quello che i giornali italiani già iniziavano a chiamare «scudo antispread» a suo avviso non poteva funzionare.

Era chiaro che il presidente della Bce sentiva di non avere la copertura politica e, per quanto le scelte di politica monetaria fossero autonome, non se la sentiva di fare alcun passo che potesse portare a un irrigidimento della Germania. E il primo, decisivo, tassello per costruire quella copertura politica venne posizionato appena una settimana dopo, nel Consiglio europeo del 28-29 giugno 2012.

Qualcuno ha voluto cogliere un segno del destino

nella coincidenza di date tra la partita degli Europei di calcio tra Italia e Germania e quel momento di confronto che andava preparandosi da mesi, dall'inizio del nostro governo, tra la prospettiva tedesca e quella italiana. Sul campo l'Italia vinse 2 a 1, con due gol di Mario Balotelli. A ogni Mario la sua partita.

7. *La Bce liberata*

Intervenendo alla Camera subito prima del Consiglio europeo, avevo notato che esso non si sarebbe svolto secondo un copione già scritto, approvando documenti preconfezionati, poiché si apriva in un contesto segnato da forte indeterminatezza sul possibile punto di equilibrio finale. Guardando ai risultati del vertice, possiamo dire che esso ha costituito un passo in avanti per un'Europa come noi italiani la vogliamo: più orientata alla crescita, più stabile e solidale, dotata di una governance più coerente e più democratica.

Se torniamo con il pensiero al mese di gennaio 2012, alla firma del Fiscal Compact, la parola crescita era relegata in un solo accenno nella parte quarta di un trattato per larga misura dedicato a delineare il quadro di regole per la disciplina delle finanze pubbliche. Sin da allora il governo si era adoperato, con l'impulso costante del Parlamento, affinché nell'agenda comunitaria fosse attribuita un'attenzione alle politiche per la crescita almeno pari a quella attribuita alla politica di bilancio.

Chiedemmo che ciò avvenisse attraverso specifiche azioni a livello comunitario, non solo attraverso riforme strutturali a livello nazionale, pur indispensabili.

Eravamo mossi da un convincimento economico e

politico. Dal punto di vista economico, ritenevamo infatti che un adeguato tasso di crescita fosse necessario anche per impostare un processo di consolidamento del bilancio credibile e sostenibile nel tempo.

Porre la crescita come obiettivo dell'azione dell'Unione europea aveva però un valore anche dal punto di vista politico. L'Europa non poteva rappresentare solo un'autorità dotata di poteri di integrazione negativa: un corsetto di regole, meccanismi di allerta, procedure di monitoraggio e sanzioni. L'Europa doveva anche essere un vettore, un motore di integrazione positiva, che stimola gli Stati membri, apre speranze, propone soluzioni comuni.

Da questo punto di vista, i risultati di quel Consiglio europeo furono più che soddisfacenti: venne raggiunto l'accordo su un «patto per la crescita e l'occupazione», che completava il Fiscal Compact e conteneva una serie di iniziative che avrebbero dato un sostanziale stimolo all'attività economica e alla creazione di posti di lavoro in Europa.

In quella fase storica la parola crescita aveva difficoltà a trovare cittadinanza nei documenti dell'Unione europea; questo patto, invece, avrebbe mobilitato 120 miliardi di euro, pari all'1 per cento del prodotto interno lordo europeo, al servizio degli investimenti, delle imprese e dell'occupazione, in particolare dei giovani e delle donne.

Nelle Conclusioni del Consiglio europeo si legge che la Commissione «sta valutando attentamente l'incidenza delle forti restrizioni di bilancio sulla spesa pubblica a favore della crescita e sugli investimenti pubblici».

L'idea era di aprire la strada a una considerazione differenziata tra la spesa in conto corrente e la spesa in conto capitale nella valutazione del percorso degli Stati membri verso i loro obiettivi a medio termine dentro il Patto di stabilità e di crescita.

In questo modo l'espressione «e di crescita» avrebbe smesso di essere soltanto un suffisso introdotto nel 1997 nel Patto di stabilità come un elemento un po' estraneo alla sua architettura, ma ne sarebbe diventata una parte centrale. L'obiettivo era quello di avvicinarsi alla regola, la formulazione poco precisa era un po' quella della *golden rule* per la quale molti in Italia si sono sempre battuti.

D'altronde su questo tema, già nella fase di preparazione da parte della Commissione del Patto di stabilità e crescita nel 1995 e nel 1996, mi ero adoperato affinché nella procedura per i disavanzi eccessivi si tenesse più in considerazione l'investimento pubblico rispetto alla spesa corrente, in quanto coerente con l'obiettivo della crescita e le disposizioni del trattato.

Il secondo elemento importante delle conclusioni di quel Consiglio riguardava l'impegno a completare e rendere più stabile l'architettura dell'Unione economica e monetaria.

Il Consiglio prese atto della relazione presentata dal presidente Van Rompuy, in cooperazione con il presidente Barroso, con il presidente della Banca centrale europea Mario Draghi e con il presidente dell'eurogruppo Jean-Claude Juncker.

Il terzo aspetto significativo delle decisioni adottate il 29 giugno 2012 (in questo caso particolare, con negoziati terminati alle quattro e mezzo del mattino) riguardava le misure per la stabilizzazione nel breve periodo dei mercati finanziari.

L'obiettivo di fondo era di rompere il circolo vizioso tra debito sovrano e rischio bancario. Questo è il punto delle conclusioni che ha cambiato la traiettoria della crisi dell'eurozona e ha messo le basi per le mosse successive della Bce necessarie per riportare sotto controllo i mercati.

L'Italia aveva posto questo tema con particolare forza in tutte le riunioni preparatorie. Il giovedì sera, 28 giugno, in quanto presidente del Consiglio italiano, decisi di porre una «riserva di attesa», impedendo così l'accordo sulle Conclusioni del Consiglio europeo. A questa presa di posizione si associò il primo ministro spagnolo Mariano Rajoy, mentre il presidente francese François Hollande, pur senza porre a sua volta la riserva, intervenne per dire che riteneva ben comprensibile la posizione di Italia e Spagna.

La reazione degli osservatori internazionali fu di grande sorpresa.

Il fatto che ci fosse Hollande e non più Sarkozy a rappresentare la Francia ha fatto una grande differenza: la priorità per Sarkozy era evitare che la Francia si trovasse a subire le scelte della Germania, perché doveva essere sempre trattata come un Paese con pari dignità e influenza; nella pratica questo lo spingeva ad allinearsi quasi sempre con Berlino, per evitare di trovarsi in situazioni di conflitto nelle quali non poteva prevalere.

Hollande, socialista, alla sua prima prova di governo, aveva invece una sua visione autonoma della politica economica, e vedeva una convergenza di interessi con l'Italia nel premere perché in Europa ci fosse una politica meno stringente dal punto di vista macroeconomico e monetario.

Soprattutto, Hollande era anche disposto ad andare contro Angela Merkel, pur sempre nel rispetto di rapporti di cordialità. A differenza di Sarkozy, però, non era un veterano di duri negoziati a livello internazionale. Aveva la volontà di impegnare Parigi a fianco di Roma, ma mancava della *force de frappe* che invece rendeva Sarkozy, a modo suo, molto efficace.

Così si sono create le condizioni per una collaborazione fruttuosa con l'Italia. Noi eravamo più avanti nel processo di riflessione, quindi gli fornimmo tesi e argomentazioni, mentre lui ci mise il suo peso politico e la disponibilità a prendere le distanze dalla cancelliera Merkel. Non si trattava soltanto di rapporti personali, ma di disponibilità a sostenere le proprie idee, anche a rischio di rompere l'asse franco-tedesco. Cosa che è successa quando Hollande ha legittimato la riserva d'attesa posta dall'Italia nella notte del Consiglio europeo.

8. A volte un veto può giovare all'Europa

Cosa è una riserva d'attesa? Semplicemente affermai che, pur essendo molto positivo il giudizio del governo italiano sul contenuto del Patto per la crescita (*growth compact*), non mi sarei sentito di dare l'adesione formale, in un consesso che esige il consenso unanime, a quel documento se non vi fosse stata anche una decisione su misure di stabilizzazione dei mercati finanziari a breve termine.

Era un passaggio un po' ardito, perché, mentre il Patto per la crescita era stato ormai varato, nella sostanza, dall'Europa a 27 (perché non riguardava solo l'eurozona), le misure di stabilizzazione dei mercati finanziari interessavano solo l'eurozona, quindi 17 Paesi, e il vertice di questi ultimi era previsto per il giorno dopo.

Però, nella premessa stessa delle conclusioni che avevamo sul tavolo come bozza del vertice a 27 si diceva: «Si lavora per il *growth compact*», ossia per la crescita, e si sosteneva con grande evidenza e realistico candore che l'ostacolo forse maggiore alla crescita dell'economia europea fosse la grande incertezza presente nei mercati della zona euro.

Quale avrebbe potuto essere, dunque, l'impatto di un documento finale del Consiglio europeo incentrato sulle condizioni per la crescita, ma che niente avesse detto sul fattore che lo stesso documento, alla terza riga, indicava come principale ostacolo alla crescita?

Sulla base di questa considerazione, nella non felicità dei capi di governo dei dieci Paesi non appartenenti alla zona euro, si concluse che il documento sulla crescita poteva, sì, essere presentato il giovedì sera alla stampa dal presidente Van Rompuy, purché si chiarisse che non era ancora adottato, perché due Stati membri avevano emesso quella riserva.

9. *Angela Merkel in difficoltà*

Angela Merkel era inquieta per la situazione: al pomeriggio del venerdì avrebbe dovuto essere a Berlino per la ratifica del Fiscal Compact, cioè delle nuove regole contabili che proprio la Germania, su input di Draghi, aveva perorato. La cancelliera pensava di sbrigare la pratica del Consiglio in tempo per tornare in Germania per il voto.

Io chiarii che ero disposto invece a continuare a oltranza i negoziati, anche fino a domenica sera, in modo da trovare un'intesa prima della riapertura dei mercati, il lunedì mattina.

Van Rompuy decise allora di convocare a cena, quella sera stessa, il giovedì, i rappresentanti dei 17 Paesi dell'Eurosummit e il presidente della Bce Draghi.

Lavorammo fino alle 4.30 del mattino, ma alla fine trovammo un accordo unanime, con mediazioni tra le diverse posizioni. Fu così che apparvero sulla scena i meccanismi per la stabilizzazione. A quel punto, potemmo togliere la riserva di attesa, e, quindi, si materializzò il consenso a 27.

I diversi capi di governo «non euro», che non avevano visto bene il ritardo nel momento di gioia dell'annuncio del Patto per la crescita, alla fine convennero che, benché fosse stata necessaria mezza giornata in più di attesa, si era trattato di tempo ben speso, perché così il Consiglio europeo si concludeva con una decisione per la crescita, ma anche con una decisione per la stabilità. Conclusione della quale furono soddisfatti, in realtà, anche gli Stati non membri della zona euro. Un po' meno, forse, la cancelliera Merkel, che il sabato mattina si trovò a leggere titoli poco lusinghieri sui giornali tedeschi, tipo «La disfatta di Merkel in una notte storica» («Die Welt») o «La notte in cui Merkel ha perso» («Der Spiegel»).

Nel testo, sui meccanismi di stabilizzazione vennero introdotte alcune misure che interessavano la Spagna, l'Irlanda, l'Italia, ma, più in generale, rafforzavano la zona euro (infatti, l'Italia non era mai menzionata esplicitamente come Paese).

Quel summit dell'eurozona decise che il cosiddetto fondo salva Stati e il suo successore – il Meccanismo europeo di stabilità, meglio noto come Mes –, potessero essere usati in modo più flessibile per stabilizzare il mercato dei titoli del debito sovrano per i Paesi in regola con le condizioni poste nel quadro del semestre europeo e del Patto di stabilità e di crescita.

Nell'interesse dell'Italia fummo noi a voler distinguere (e questa distinzione fu pienamente accolta) tra i Paesi sotto programma (cioè finanziati e sostenuti per essere salvati nella loro finanza pubblica dal cosiddetto fondo salva Stati europeo: Grecia, Irlanda, Portogallo e, limitatamente alla parte bancaria, Spagna) e gli altri Paesi (tra cui l'Italia), che erano in regola con i requisiti e le condizioni poste dall'Unione europea, ma che, data la complessiva instabilità del mercato dell'euro, stentavano a veder riconosciuto tempestivamente, nel mercato, il progresso fatto nella realtà della politica economica (come riflesso negli spread molto elevati).

In pratica, l'Italia ottenne che passasse il principio in base al quale i Paesi che volessero fruire di questi interventi di stabilizzazione avrebbero dovuto naturalmente chiederli, ma se ricadevano in questa condizione di osservanza di tutte le condizioni esistenti, non avrebbero dovuto sottoporsi a uno specifico programma, ovvero firmare un memorandum of understanding e accettare la troika Commissione-Fondo monetario-Bce.

Il superamento della logica in base alla quale alla richiesta di intervento da parte delle istituzioni europee dovesse corrispondere, per forza, una rinuncia alla sovranità in materia di politica economica, è stato il momento di svolta decisivo nella crisi dell'euro, perché soltanto così si poteva consentire alla Bce di intervenire in modo autonomo. Si trattava dunque di togliere la camicia di forza alla Bce: e poiché era una camicia imposta dalla politica, non dai trattati, toccava alla politica rimuoverla.

Soltanto di fronte a una Bce con una piena copertura politica per intervenire di fronte a spread troppo elevati, i mercati avrebbero rivisto le proprie aspettative, dato che nessuno si assume il rischio di scommettere contro una banca centrale priva di vincoli nella sua azione.

I mercati, che non vanno demonizzati, né – peraltro – angelizzati, non esprimono sempre la migliore valutazione economica. Ci sono stati otto-dieci anni, nella fase iniziale dell'euro, in cui i mercati hanno lasciato che si coltivasse l'illusione che la qualità del debito di tutti gli Stati dell'eurozona fosse uguale, non determinando spread tra i titoli dei diversi Paesi.

Nel pieno della grande recessione, i mercati cominciarono a temere per la solvibilità del debito sovrano di alcuni Stati europei, e i loro incubi notturni e diurni si trasmisero agli operatori, agli Stati, alle imprese e ai risparmiatori. Tra il 2011 e il 2012, però, di nuovo, non si rivelavano un perfetto misuratore dei progressi fatti dai singoli Paesi.

Ecco, allora, perché occorreva, in Europa, una governance migliore, che avesse tutti gli strumenti della disciplina che viene dalla governance pubblica e dalle sue regole, ma anche la capacità di valorizzare nel mercato, con occasionali interventi di stabilizzazione, l'espressione di tassi di interesse che incoraggiassero i Paesi neovirtuosi a persistere nella virtù, anziché indurli scetticamente a dire: ma perché tutti questi sforzi?

Dieci anni dopo quegli eventi, il presidente della Bce che aveva assistito all'inizio della crisi della zona euro, Jean-Claude Trichet, in un discorso alla Bocconi per la fine della mia lunga presidenza dell'università, indicò nel Consiglio europeo del 28-29 giugno 2012 «la più chiara dimostrazione» che l'influenza dell'Italia, con il nostro governo, era cresciuta: «Hai ottenuto l'accordo di tutti i tuoi pari, inclusi i più riluttanti, sull'uso dei capitali del fondo Efsf/Mes per stabilizzare i mercati finanziari secondari in tempi di particolari difficoltà».

E poi aggiunse: «Posso confermare che senza la tua determinazione, la tua perseveranza e la tua inflessibilità, sarebbe stato impossibile ripristinare la stabilità economica e finanziaria nella zona euro».

10. L'importanza del «Whatever it takes» di Mario Draghi

Il 27 luglio 2012, davanti a un gruppo di investitori a Londra, il presidente della Bce Mario Draghi certificò che il clima era cambiato, con il suo famoso discorso nel quale promise che la Bce avrebbe fatto «Whatever it takes» per salvare l'euro. Aveva già dato analoghe rassicurazioni nei mesi precedenti, ma i mercati non avevano rivisto le loro aspettative.

Dopo il Consiglio europeo di fine giugno era ormai chiaro a tutti che l'Europa e la crisi dell'euro erano entrate in una nuova fase.

Ma ci sarebbe voluto ancora un po' perché i rendimenti richiesti dagli investitori sui titoli di Stato italiani iniziassero a scendere. Per tutta l'estate le rassicurazioni di Draghi erano solo la promessa di un intervento che poi sarebbe arrivato soltanto a settembre 2012, con l'introduzione delle Omt, le operazioni di mercato aperto, ossia acquisti potenzialmente illimitati dei titoli di Stato dei Paesi più a rischio.

Era lo scudo antispread, da noi tanto auspicato e che ha funzionato non «nonostante», ma proprio perché non è mai stato usato: i mercati avevano capito che non potevano scommettere contro la Bce.

11. Quel cassetto all'Eliseo

Durante quell'estate, però, la situazione era ancora molto tesa. Tra luglio e agosto 2012 i rendimenti scesero di pochissimo. Quattro giorni dopo le parole di Draghi davanti agli investitori a Londra mi trovai a fare il punto sulla crisi con il presidente Hollande, a Parigi, assieme al suo influente consigliere – e non ancora ministro – Emmanuel Macron.

In quel momento gli scenari peggiori non potevano ancora essere esclusi. Con Hollande ci confrontammo in modo franco: «Se l'Italia si trovasse costretta a uscire dall'euro, la Francia cosa farebbe?».

Come tutti i banchieri centrali, anche Ignazio Visco alla Banca d'Italia aveva nei suoi cassetti un piano di emergenza per gestire un ritorno alla lira, qualora la situazione insostenibile sui mercati finanziari lo avesse reso inevitabile.

Ma, al di là delle questioni tecniche, bisognava affrontare una serie di questioni politiche per sapere a cosa saremmo andati incontro, nel caso – allora temuto ma non impossibile – che i nostri sforzi per tenere insieme la moneta unica si rivelassero vani.

La Francia avrebbe scelto di perdere prestigio, seguendo l'Italia in un ritorno alle monete nazionali, o di perdere competitività, conservando l'euro e trovandosi poi ad affrontare la concorrenza dei prodotti italiani prezzati in una lira svalutata?

Dopo un po' di confronto, Hollande ci chiarì che la Francia ci avrebbe seguito. Facemmo mille ragionamenti, probabilmente troppi, a un certo punto ci guardammo e gli dissi: «François, forse ci siamo spinti un po' troppo nelle speculazioni. Bene che ne abbiamo parlato, ma dobbiamo prima di tutto evitare che si arrivi a quel punto e costruire soluzioni».

Lui sedeva a una scrivania con dietro una grande libreria piena di cassetti. «Adesso questi piani li mettiamo in quel cassetto che vedo lì e li terremo ben chiusi e segreti.» L'intesa fu che ci saremmo riferiti a quei piani di uscita dall'euro soltanto come «progetto cassetto».

Per fortuna non c'è mai stato bisogno di aprire quel cassetto.

12. *«Dio, patria, famiglia»*

Negli anni mi hanno spesso chiesto se non avvertissi il peso dell'incertezza, se mi sentissi così sicuro del risultato finale delle azioni mie e del governo da non temere che le cose potessero anche finire male, con l'Italia travolta dalla crisi dell'euro. Oppure se invece, semplicemente, nascondessi bene la paura e l'incertezza.

Di sicuro la notte dormivo benissimo, a parte i pensieri per un serio problema di salute che aveva improvvisamente colpito mia moglie Elsa. Problema del quale mi sentivo in parte responsabile, perché quei mesi così impegnativi e carichi di tensioni di certo non le avevano fatto bene.

Ma quanto all'attività di governo e alla crisi dell'euro, dentro di me ero sereno. Avvertivo quella che in teologia chiamano «grazia dello stato»: Dio ci mette davanti a prove impegnative, ma ci concede anche la forza per affrontarle.

Chiunque abbia un lavoro e una carriera, che lo sappia o no, che lo voglia o meno, spende molto tempo e molte energie su questioni identitarie senza risposta:

cosa devo fare della mia vita? Sto facendo la cosa giusta o ho scelto il percorso sbagliato?

Se c'è un periodo della mia vita in cui avevo uno scopo, una missione, una funzione, era quello. Ed era uno scopo, una missione, una funzione che giustificava tutto: quando vedevo come mi trattavano certi esponenti politici – che in nome di esigenze di propaganda presentavano una immagine distorta dell'azione del governo – certo mi angustiavo, ma non mi facevano sorgere interrogativi esistenziali. L'unico interrogativo esistenziale era: «Ce la faremo o no?». E non era affatto chiaro.

Ho poi toccato con mano come un impegno molto arduo e rischioso, liberamente accettato per la difesa della propria patria, generi dentro di sé una forza particolare. Anzi, particolarissima nel mio caso. La mia patria è l'Italia, la mia visione di patria è quella di un'Italia saldamente europea, che ha guidato tutta la mia vita. In quel momento sentivo, senza alcuna retorica, di portare la responsabilità maggiore nel tentativo di evitare il dissesto dell'Italia, che avrebbe inferto una grande ferita alla costruzione europea. La responsabilità maggiore, intendo, dopo quella del presidente Napolitano, artefice primo della salvezza dell'Italia, che infondeva a me, a tutti noi del «suo» governo, tranquillità e fiducia. Quante volte ho pensato che, se non fossimo riusciti nel nostro compito, ne avrebbe sofferto in primo luogo l'immagine del presidente e il suo posto nella storia d'Italia. Va peraltro ricordato che, benché fortunatamente la missione sia stata compiuta, una parte del mondo politico è stata ugualmente critica per il modo, impeccabilmente coerente con la Costituzione, in cui egli ha concepito e varato il vascello per quella traversata.

Si verificava poi un'altra circostanza, senza la quale

mi sarei trovato molto a disagio. Non ero stato io a cercare quella posizione e tutti lo sapevano. Forse il nostro governo non sarebbe riuscito a evitare il disastro, ma io non ero lì perché pensassi, o avessi fatto credere, di essere l'unico adatto alla prova. Davvero non so con che forza, anche interiore, possa governare in momenti molto difficili il politico vero, che si è battuto con successo – con colpi alti e a volte anche bassi – per essere proprio lui a metterci in salvo.

E la famiglia? Immagino che ogni caso sia un caso a sé. Nella mia vita sono stato molto fortunato. Anche per quanto riguarda la famiglia, a cominciare da mia moglie, forte come una roccia, fino a soffrirne. Ma non vorrei parlarne oltre, in questa sede.

Ho intitolato questo capitolo «Dio, patria, famiglia» – espressione che non ho mai usato quando ero al governo né in altre circostanze. L'ho fatto per confessare al lettore che il cuore duro (se mai ne ha uno) di un «tecnocrate», poco empatico e probabilmente antipatico, «servo di Bruxelles» e «nemico degli italiani», non è poi così diverso da quello di un vero politico populista. Solo che mentre il grigio tecnocrate se li tiene per sé, il politico populista tende a estroflettere sugli astanti i suoi «Dio, patria, famiglia». Ma non so se renda loro un buon servizio.

Un leader di spicco tra i politici di questo tipo, Matteo Salvini, si esprime per esempio così: «La Fornero? Mi sta qui... Sono un non violento con tutti, ma con lei devo fare autocontrollo, altrimenti...». «Noi della Lega siamo persone educate. Se mai passerà da Pontida, mi auguro che la prendiate a calci nel culo per 10 chilometri.» «Per la signora Fornero ci vorrebbe la corte marziale, dovrebbe essere esiliata.»

Quest'ultima «sentenza», emessa da Salvini su Facebook, ha stimolato vari commenti. Tra essi, omettendo i più truci, «Fucilatela nella schiena», «Alla forca come nel Medioevo», «Per lei la camera a gas», «Meglio bruciata viva».

Manifestazioni solo verbali? No. Il 19 maggio 2014, Salvini in persona guida una spedizione della Lega sotto la casa di Elsa Fornero. L'obiettivo della spedizione è conseguito solo in parte: «Per fortuna» dichiara il Nostro «il ministro non è in casa, perché mi prudono le mani...».

Pur apprezzando il libero dibattito, franco e veemente, a un certo punto dovetti intervenire. «Salvini continui pure a criticare la riforma delle pensioni» scrissi in un comunicato «ma lasci in pace la Fornero.» Nel novembre 2011 ho insistito perché l'economista torinese – persona di grande serietà, con sensibilità sociale e profonda competenza in materia previdenziale – accettasse l'incarico più ingrato e anche più pericoloso nel governo di emergenza, quello di ministro del Lavoro. Tutti sapevano che senza una rapida e incisiva riforma delle pensioni, che il governo Berlusconi non era riuscito a fare proprio per l'opposizione della Lega, i conti pubblici sarebbero saltati. Per questo nessuno prestava più allo Stato italiano, se non a tassi esorbitanti. Senza la riforma, i nostri figli e nipoti avrebbero dovuto sopportare negli anni futuri oneri insostenibili; ma già nel giro di qualche settimana i cittadini e le imprese si sarebbero trovati in una situazione simile a quella della Grecia.

Solo la preparazione e la determinazione del ministro Fornero, con l'appoggio dell'intero governo e la responsabile condivisione da parte della maggioranza (PdL, Pd, Terzo polo), hanno permesso di approvare e rendere esecutiva la riforma in soli diciannove giorni dall'entrata in carica del governo. Alcuni errori, nella fretta, sono stati compiuti e a essi si è posto rimedio successivamente. Ma senza quella riforma delle pensioni, l'Italia si sarebbe avvitata in una crisi finanziaria tale da aggravare ancor più le difficili condizioni della nostra economia. Ciò è stato subito riconosciuto da tutti gli osservatori internazionali. Anche in Italia, scrivevo nel 2015, al di fuori delle polemiche politiche, si sta facendo strada questa convinzione.

L'onorevole Salvini è ovviamente libero di non condividere nulla di quanto sopra. Attacchi pure il governo che ha introdotto quella riforma o le forze politiche che nel dicembre 2011 l'hanno approvata a larghissima maggioranza (402 sì su 477 votanti alla Camera, 257 sì su 298 votanti al Senato). Ma è vile prendersela con una donna coraggiosa che in modo disinteressato ha reso allo Stato un servizio di grande valore e che ancor oggi, tornata a vita privata, è sottoposta a un vergognoso linciaggio. Nel linciaggio si distinguono esponenti di partiti politici che, in modo irresponsabile e per interessi elettorali, hanno contribuito a mettere nel sistema economico e sociale italiano quella bomba a orologeria che, grazie a Elsa Fornero, è stata ora disinnescata.

Tanti governi, due di essi con Matteo Salvini vicepresidente del Consiglio, non sono da allora riusciti ad abolire la riforma Fornero. Tredici anni di insulti non sono valsi a prevalere sulla vita di studi di Elsa Fornero e su due settimane di seria attività di governo.

7.
Come l'Italia ha respinto il populismo emergente (2013)

1. Una decisione tormentata: «Scelta Civica»

La storia non si fa con i se, ma un minimo di analisi controfattuale è sempre lecita: la parabola di Berlusconi avrebbe potuto chiudersi anche in ben altro modo, con un successo molto più pieno alle elezioni del 2013 e una sua successiva elezione al Quirinale, sempre nel 2013, magari con Palazzo Chigi affidato a Gianni Letta (o viceversa).

Se invece l'Italia ha potuto contare su un secondo mandato parziale di Napolitano e poi su Sergio Mattarella, oltre che su una serie di governi con una solida àncora europea come quelli Letta-Renzi-Gentiloni, si deve anche alle conseguenze di una scelta che pochi, all'epoca, hanno capito e ancor meno apprezzato: quella di violare una seconda volta il saggio consiglio di mia mamma di stare «alla larga dalla politica» e di uscire da Palazzo Chigi non come «riserva della Repubblica» sopra le parti, ma come capofila di un movimento, Scelta Civica, avversario di fatto dei partiti che avevano sostenuto l'esecutivo da me guidato.

All'avvicinarsi della conclusione della legislatura e delle elezioni, i partiti che appoggiavano il nostro governo stavano abbandonando la loro disponibilità a sostenere le riforme e a garantire una continuità nello sforzo profuso in quella difficile stagione dell'emergenza.

Eravamo riusciti a fare – noi del governo e i partiti in Parlamento – cose molto utili al Paese, che ci aveva sostenuto anche se quelle scelte difficili avevano comportato molti sacrifici per tante italiane e tanti italiani.

Quell'inizio di campagna elettorale lasciava presagire che invece, nella legislatura successiva, tutti i partiti si sarebbero dedicati a smontare quanto fatto tra 2011 e 2012.

A destra il PdL stava ricostruendo i suoi rapporti con la Lega, all'opposizione durante la fase dell'emergenza e molto ostile all'Unione europea, mentre a sinistra il Pd di Pier Luigi Bersani – persona che avevo imparato ad apprezzare per il suo pragmatismo – si vedeva richiamato su posizioni più tradizionali, verso la Cgil di Susanna Camusso, la Fiom di Maurizio Landini, e una crescente fronda euroscettica da sinistra.

Anche su quel lato dello schieramento, quindi, si intravedeva la chiusura di una stagione di grande collaborazione, nonostante alcune riforme non fossero state facili da digerire per il mondo del Pd e dei sindacati.

Dall'estero, in primis con la cancelliera Angela Merkel, ma anche in Italia, da più parti, mi arrivavano incoraggiamenti a dare continuità al progetto di governo rigoroso e riformatore che tanto consenso aveva riscosso in quella fase, e che anche tra gli elettori rimaneva piuttosto popolare.

Mi convinsi che una pattuglia, grande o piccola, di parlamentari capaci di creare una continuità tra la fase dell'emergenza e quella del ritorno alla normalità politica sarebbe stata molto importante. Anche se ero molto restio a espormi in prima persona.

In privato, gli esponenti di un po' tutti i partiti mi avevano fatto capire che con una uscita di scena conciliante non sarebbero mancate le occasioni per tornare a collaborare, che fosse per un incarico di ministro dell'Economia o – come non mancavano di segnalare molti giornali – anche per una successione al presidente Napolitano, in un'ideale staffetta con l'altro protagonista del salvataggio dell'Italia dal baratro finanziario.

Sapevo soprattutto che con un impegno politico diretto alle elezioni – anche se non mi potevo candidare in quanto senatore a vita – avrei perso la cosa più preziosa che avevo coltivato per tutta la mia carriera, cioè il mantenermi indipendente, al di sopra delle parti, sottratto a ogni logica di schieramento, così da poter avere posizioni molto nette sui singoli temi senza che queste venissero indebolite dal sospetto di essere motivate da una qualche affiliazione.

Inoltre, avrei dovuto contraddire quanto avevo promesso nei mesi precedenti, cioè di chiudere l'esperienza di governo senza appendici.

Ci sono occasioni in cui anteporre l'interesse personale a quello del Paese significa pensare alle elezioni e altre in cui è vero l'opposto.

Da un impegno diretto nella campagna elettorale 2013, sul piano individuale, potevo soltanto rimetterci, ma sarebbe stato poco coerente da parte mia fare calcoli sui benefici personali dopo aver impostato un modo di intendere il governo che perseguiva ciò che era più utile al Paese, anche al costo di rendersi impopolari.

A più riprese Silvio Berlusconi – con il quale i rapporti sono stati sempre cordiali, anche se un po' ondivaghi – mi aveva proposto di guidare lo schieramento del centrodestra a dimostrazione che, almeno fino a poco prima della fine del governo dell'emergenza, l'atteggiamento del Cavaliere non era ostile verso chi l'aveva sostituito a Palazzo Chigi.

L'offerta più seria me l'aveva fatta nell'ottobre 2012, giusto qualche settimana prima di quel Consiglio dei ministri dedicato all'approvazione della legge Severino.

Avevo declinato, ovviamente, spiegandogli che poiché le nostre idee non coincidevano su molti punti, non avrei mai potuto agire come suo mandatario in politica. E poi era già evidente, dalla difficile diarchia con Angelino Alfano, che nel mondo del centrodestra c'era spazio per un solo riferimento, almeno finché Berlusconi era nel pieno delle sue capacità.

Per tutta la vita ho rifiutato questo tipo di proposte, tranne quella del presidente Napolitano arrivata nelle circostanze eccezionali ben note e quindi, di fatto, non rifiutabile.

Alla fine ho scelto comunque di impegnarmi nelle elezioni 2013, ma in piena autonomia, e con il solo obiettivo di dare continuità all'azione di governo, non nell'ambito di una transizione a un ruolo pienamente politico, di leader di partito.

Ricordo che anche intellettuali e personalità di spicco della sinistra spingevano pubblicamente affinché mi impegnassi nelle elezioni. Ad esempio, Massimo Cacciari mi scrisse una lettera aperta il 15 novembre 2012 in cui affermava: «Caro Monti, la prego, si candidi. Lei da anni svolge incarichi importanti e con il suo governo ha segnato una forte discontinuità. Oggi che i partiti sono in stato confusionale, solo lei può battere l'astensione e attrarre gli incerti. [...] Presidente, ancora uno sforzo. Dia ascolto alla sua vocazione politica! E se non la possiede, la finga! Solo la sua candidatura a capo di un suo movimento può prosciugare molta astensione e ancora più consensi attrarre da altre aree politiche in crisi».

Il risultato del progetto di Scelta Civica è stato più che dignitoso, con un 8,3 per cento dei consensi per la lista e 10,5 per il raggruppamento centrista con Unione di centro e Futuro e libertà. Un risultato che, riletto a posteriori, si è rivelato denso di conseguenze, allora non immediatamente percepibili: con 3,6 milioni di voti complessivi, il raggruppamento intorno a Scelta Civica ha conquistato quasi il doppio dei consensi di progetti analoghi sviluppati negli anni successivi (alle elezioni 2022 il cartello Azione-Italia Viva si è fermato a 2,1 milioni).

Quei 3,6 milioni di voti sono stati, per certi aspetti, sorprendenti, visto che le politiche del governo durante l'emergenza avevano certo innescato benefici di medio periodo, ma nell'immediato avevano significato soprattutto sacrifici rilevanti per molti italiani.

Inoltre, a quelle elezioni del 2013, centrodestra e centrosinistra sono arrivati a un sostanziale pareggio, conquistando, rispettivamente, il 29,18 per cento e il 29,55 per cento dei voti.

Le analisi dei flussi elettorali dell'Istituto Cattaneo hanno riscontrato che, soprattutto nel Centronord, i voti per Scelta Civica arrivavano soprattutto dai delusi del PdL e dell'esperienza di governo di Berlusconi (al Sud, invece, i delusi del centrodestra erano andati verso l'astensione).

Non è quindi un azzardo sostenere che, in assenza di Scelta Civica, invece del pareggio che poi ha originato il governo di larga coalizione di Enrico Letta, ci sarebbe stata una vittoria netta del centrodestra, ancora guidato da Silvio Berlusconi, che, a quel punto, avrebbe potuto soddisfare la sua ambizione di concludere la carriera politica dal Quirinale, allo scadere del mandato di Napolitano nel 2013.

E invece, in quello stesso anno, Berlusconi si è trovato a perdere il seggio da senatore per effetto di quella legge Severino che il suo partito aveva votato. E che lo aveva spinto a togliere l'appoggio al nostro governo.

Dopo le elezioni, però, a me è bastato poco per capire che non ero tagliato per fare il leader di partito.

Nell'ottobre 2013 mi dimisi dalla presidenza di Scelta Civica e poco dopo lasciai il movimento al quale avevo dato vita. È stata una vicenda che mi ha dato tante amarezze. Preferii limitare il mio impegno parlamentare a quello richiesto dall'incarico di senatore a vita. Tornavo così pienamente, e finalmente, nella mia «pelle» – anche se con qualche escoriazione – di persona del tutto indipendente da ogni partito, come ero sempre stato fino all'inizio del 2013.

Dentro di me avevo però – senza mai manifestarla giacché i politici «veri» avrebbero mantenuto ancora a lungo su di me una pesante cappa di *damnatio memoriae* – l'intima soddisfazione di avere consentito alla legislatura 2013-2018 di aprirsi e svolgersi tutta senza populisti alla maggioranza, al governo o al Quirinale.

Una seconda considerazione, che mi sta molto a cuore, riguarda i rapporti tra il presidente Napolitano e me, con riferimento appunto alle elezioni del 2013. Il presidente è stato nei miei confronti molto discreto in proposito. Non si è mai sottratto a mie richieste di consigli, ma non mi ha mai detto quale fosse la sua preferenza: se io dovessi aderire alle pressanti richieste da varie parti affinché accettassi di essere il leader di riferimento di un movimento che si proponesse di proseguire lungo le linee del governo che avevamo insieme formato; o se, con maggiore aderenza formale alla tradizione dei senatori a vita, fosse meglio che io non facessi alcun passo, restando eventualmente disponibile per incarichi istituzionali successivi, non esclusa la presidenza della Repubblica. Ho però motivo di ritenere che, nel suo intimo, Napolitano avrebbe visto più volentieri questa seconda soluzione, per maggiore nitore istituzionale e forse anche perché sarebbe stato disponibile un suo potenziale successore che egli stesso aveva, sempre con estremo garbo e rispetto, preso per mano nel delicatissimo compito di presidente del Consiglio.

Come ho spiegato sopra ho però sentito dentro di me, a ragione o a torto, di avere un dovere nei confronti del Paese, dell'Europa e dei tanti italiani ai quali avevo chiesto sacrifici che non dovevano essere dissipati, ancora superiore al possibile auspicio del «mio» presidente nei miei confronti.

Fortunatamente, e lo devo alla sua squisita e generosa personalità, non restò tra noi il minimo dissapore.

Desidero citare qui una lettera che Giorgio mi scrisse il 17 novembre 2016, in risposta a un messaggio che gli mandai il 9 novembre 2016, al compiersi dei cinque anni dalla sua telefonata a Berlino, che il lettore ha incontrato all'inizio di questo libro. Scriveva dunque il presidente:

«Caro Mario, siamo stati accanto io e te, cinque anni fa, nel porre mano a un'impresa importante nell'interesse del Paese e insieme, penso di poter dire, dell'Europa;

e benché comprendessimo quanto sarebbe stata ardua, né in quel preciso momento e nelle decisioni che immediatamente seguirono, né in tutto il corso di quell'"impresa", ci siamo mai abbandonati a ripensamenti o esitazioni, temendo di esporci personalmente troppo.

Ritengo che in sede storica il giudizio sui nostri comportamenti sarà benevolo. Sento di poterti associare a quello che innumerevoli "comuni cittadini" continuano a dirmi: lei allora ha salvato il Paese. Ed è per me la gratificazione maggiore che mi compensa *ad abundantiam* di tutte le mistificazioni, le smemoratezze e le ignobiltà che da ambienti diversi ci sono state inflitte. Il rapporto tra noi è stato limpidissimo, anche nel momento della differenziazione finale circa lo sbocco politico da perseguire. E rimane tale, con pienezza di stima e di amicizia affettuosa, ben al di là della parentesi assurda che sta vivendo oggi l'Italia. A presto, dunque, con grande piacere e calore. Giorgio».

2. Il «politicismo», specchio deformante della vita italiana

«Politicismo», dice il vocabolario Treccani, significa «Importanza eccessiva attribuita alle esigenze della politica, per cui ogni altra attività intellettuale o morale viene subordinata a essa.»

So che un politico in esercizio non dovrebbe mai permettersi di criticare i media; così come dovrebbe dire «gli elettori hanno sempre ragione».

Anche nel breve periodo in cui sono stato in esercizio, ho sempre pensato e spesso detto che i media, come ogni singolo o gruppo nella vita sociale, hanno una parte di responsabilità del buono o cattivo funzionamento della società. Ho ugualmente sostenuto, sempre, che la volontà degli elettori deve essere il primo elemento di orientamento della politica in un sistema democratico, ma che questo non significa che gli elettori vedano sempre le soluzioni migliori. Lo spiegava già Alexander Hamilton, come abbiamo visto in un capitolo precedente.

Ma la mia vicenda relativa a Scelta Civica mi ha indotto a una riflessione un po' più profonda.

Se si è convinti, come io lo sono ma non credo di essere l'unico, che la distorsione più grave in politica è un gigantesco (mi perdonino i giuristi l'uso analogico) «interesse privato in atti d'ufficio», allora i media dovrebbero essere meno «politicisti». Non dovrebbero rassegnarsi, abituando noi lettori a rassegnarci a nostra volta, al fatto che la politica è così e che, a parte i rari casi individuati e sanzionati dalla magistratura, si deve accettare che chi governa faccia spesso «mercato» delle decisioni di governo, e le opposizioni facciano a volte la stessa cosa con i voti in Parlamento. «Mercato» nel senso, che ormai consideriamo normale, buono, legittimo, di acquisire il consenso degli elettori facendo l'interesse delle varie categorie. L'interesse generale esce progressivamente di scena. Gli editorialisti e i politologi forse trovano più interessante (magari perché in realtà noi lettori siamo fatti così) disvelare il machiavellismo di giornata del politico più in auge o più furbo; spesso gli danno consigli su come potrebbe rafforzarsi ancora. Sembrano trovare meno interessante andare in cerca di casi, se mai esistono casi del genere, in cui chi prende decisioni le prende, o cerca di prenderle nell'interesse generale, anche se questo va a scapito del suo interesse personale o di parte.

Il caso di Scelta Civica è stato per me illuminante. Dopo avere spiegato più volte che accettare di guidare quel movimento, mettendoci la faccia (orrenda espressione), era certamente qualcosa contro la mia natura, che avrei dovuto rinunciare alla cosa a me più cara (l'essere al di fuori delle parti in posizione di piena indipendenza), che certamente ciò avrebbe comportato la sicura esclusione dal novero dei possibili successori di Napolitano al Quirinale, ma che lo facevo perché ero convinto che sarebbe stato nell'interesse generale (e infatti i populisti in Italia hanno vinto nel 2018 ma non nel 2013), i commenti dei media sono stati quasi tutti del tipo: «ma che ambizioso questo Monti», «non ha capito che poi non sarebbe più stato al di sopra delle parti», «ha fatto proprio male i suoi calcoli», «che ingenuo, non ha neanche capito che se solo non avesse fatto niente oggi sarebbe al Quirinale», e così via.

Ho avuto l'impressione che, nel «politicismo» imperante nel nostro Paese (forse più che altrove), la casella mentale «il tale ha agito nell'interesse generale, addirittura contro il suo interesse» non esista più o sia ormai ingombra di ragnatele.

Forse, se non dessimo sempre per scontato che se uno è ragionevole non è mosso dall'interesse generale ma, almeno in politica, dall'interesse proprio o della propria parte, torneremmo ad alzare un po', come cittadini, l'asticella della tolleranza. E i media aguzzerebbero meglio la vista per identificare i casi in cui forse si è cercato davvero di perseguire l'interesse generale, incentivandone l'emulazione, anziché collocarli di default in una casella intestata agli «ingenui», agli «idealisti» o ai «politicamente sprovveduti».

8.
Continuità riluttante e controriforme (2013-2024)

1. *La politica vista dal Parlamento*

Nel decennio successivo alla fine dell'esperienza del governo tecnico e a quella, breve, di animatore di un progetto politico, ho potuto godere di un osservatorio straordinario sulle evoluzioni della politica italiana.

La nomina a senatore a vita da parte del presidente Giorgio Napolitano mi ha messo nella condizione di seguire, da dentro ma anche da fuori, le evoluzioni di quella politica dei partiti dalla quale mi ero tenuto per tanto tempo a distanza di sicurezza.

Ho cercato di attenermi sempre alla motivazione che aveva spinto il presidente Napolitano, al di là della crisi finanziaria che stava per travolgere l'Italia, a nominarmi senatore a vita. Volle così sottolineare in un messaggio all'Università Bocconi, in occasione del mio congedo dalla presidenza: «Nel ricordare la nostra antica collaborazione nelle istituzioni europee, desidero ribadire che proprio in quel periodo ebbi modo di conoscere e apprezzare ancor meglio il tuo convinto e saldo orientamento europeista, così come la tua capacità, largamente riconosciuta, di esercizio di funzioni comunitarie di grande rilevanza anche su scala globale. Su queste solide basi, ho ritenuto necessario che la tua voce fosse stabilmente presente nel Parlamento italiano a presidio dell'indissolubile legame con la costruzione europea».

Gli fece eco il presidente Mattarella, presente a quella cerimonia, osservando che «il segno europeista del presidente Monti ha contrassegnato tutta la sua lezione, da varie sedi. La Repubblica gli è riconoscente. E si ritrova nella decisione del mio predecessore – il presidente Napolitano – di nominarlo senatore a vita».

In questi anni, da quando ho lasciato Palazzo Chigi nel 2013, si sono alternati governi tra loro molto diversi, che hanno dovuto affrontare problemi di tipo differente, ma la mia impressione sintetica è che si sono mossi tutti in una forma di riluttante continuità con quello che avevamo fatto noi nel periodo della gestione dell'emergenza.

2. *Una continuità riluttante*

Sul fronte dei rapporti con l'Unione europea e sul quadro macroeconomico all'interno del quale si svolge l'azione dei governi mi sembra che nessun partito si sia discostato in modo significativo dal sentiero tracciato, e chi ci ha provato – come il governo gialloverde Lega-Cinque stelle nel 2018 – si è presto ricreduto. E questa è la parte della continuità.

La riluttanza si è manifestata su tutto il resto: dove cioè gli esecutivi avevano maggiore margine di azione hanno provato, e in parte ci sono riusciti, ad attuare controriforme. Ma nonostante molte promesse elettorali, le riforme più rilevanti per rispettare la continuità macroeconomica, come quella delle pensioni diventata nota come legge Fornero, non sono state abolite.

Vale la pena ricordare che a questa continuità riluttante si sono uniformati anche i partiti che, a suo tempo, hanno più duramente contestato la temporanea natura recessiva delle misure rese necessarie dalla situazione di emergenza del 2011-2012.

La tesi di questi critici è che i sacrifici delle italiane e degli italiani per superare quel momento difficile sono stati vani, perché il minore indebitamento possibile grazie ai risparmi di spesa sarebbe stato più che bilanciato da una minore crescita, con il risultato di un peggioramento del rapporto tra debito e Pil che invece gli interventi nella fase dell'emergenza puntavano a migliorare per ritrovare la credibilità perduta a livello internazionale e sui mercati finanziari.

Con il tempo si è capito che quelle critiche erano infondate. Nel 2018 l'Osservatorio sui conti pubblici dell'Università Cattolica guidato da Carlo Cottarelli ha pubblicato una analisi sull'andamento dei conti pubblici italiani che stima cosa sarebbe successo in assenza degli interventi, certo drastici, durante l'emergenza del 2011-2012.

Queste le conclusioni: «La restrizione fiscale del 2012 ha contenuto la crescita del rapporto tra debito pubblico e Pil: senza di essa il rapporto sarebbe aumentato molto più rapidamente».

Inoltre, si legge nello studio firmato da Silvia Gatteschi per l'Osservatorio, «senza la restrizione fiscale, la crisi si sarebbe probabilmente approfondita causando una caduta del Pil nonostante la presenza di politiche fiscali espansive, per effetto dei più elevati tassi di interesse e la maggiore difficoltà di accesso al credito per famiglie e imprese. Il rapporto tra debito e Pil sarebbe aumentato ulteriormente fino al collasso dell'economia italiana».

Questa consapevolezza evidentemente diffusa – conscia o inconscia che sia – spiega perché tutti i partiti che hanno composto maggioranze politiche di natura molto eterogenea dopo la parentesi dei tecnici hanno evitato di perseguire strade drasticamente divergenti e si sono mantenuti nella posizione di sostanziale rispetto dell'impianto europeo di finanza pubblica che pure a parole contestavano.

Se la crescita dell'ultimo decennio è stata deludente, dunque, non è perché durante la fase dell'emergenza sono state adottate manovre di bilancio troppo restrittive, ma perché, passato quel momento e allentata la pressione dei mercati, non ci sono stati progressi sul fronte delle riforme strutturali che dovrebbero aumentare il potenziale di crescita del Paese. L'unica, parziale, eccezione è il tentativo del governo guidato da Matteo Renzi tra il 2014 e il 2016 di intervenire sul mercato del lavoro.

Per il resto un po' tutti i governi – quello di Renzi incluso – si sono molto impegnati per chiedere e ottenere dalla Commissione europea il permesso a derogare ai limiti sul deficit e l'indebitamento per finanziare quelli che nelle promesse erano investimenti per la crescita, ma poi nella pratica si rivelavano bonus destinati a produrre soltanto un immediato ritorno in termini di consenso elettorale.

Una delle costanti della politica italiana è infatti il tentativo di rendere meno stringente il Patto di stabilità e crescita, del quale mi sono occupato fin dalla sua prima introduzione, quando ero commissario europeo, fino alla sua più recente modifica a dicembre 2023, che ho commentato dalle colonne del «Corriere della Sera».

3. L'Italia, l'Europa e i soldi

La Commissione guidata da José Manuel Barroso aveva aperto alla possibilità di tollerare maggiori disavanzi per i Paesi impegnati in investimenti pubblici. Uno spiraglio incoraggiante.

Così, quando nel 2015 si è insediata la nuova Commissione guidata da Jean-Claude Juncker, ho lavorato a un paper molto esteso, assieme a Sylvie Goulard, su come rivedere il Patto di stabilità e crescita. Lo presentai a Juncker con la speranza che fornisse un contributo a determinare l'indirizzo dei nuovi vertici di Bruxelles riguardo a un tema così centrale e da sempre controverso.

Invece, già nel 2015, Juncker pubblicò una «comunicazione» della Commissione sulla flessibilità di bilancio, poi diventata a suo modo famosa, che indicava come e quando derogare ai limiti di deficit previsti dalle regole europee.

Quella flessibilità è poi stata gestita in modo molto discrezionale dalla Commissione, che la dosava in base non alle reali esigenze dello Stato membro che ne faceva richiesta, ma alla sua forza relativa. Dunque, in base a valutazioni più politiche che economiche.

Matteo Renzi è stato molto abile a sfruttare questa opportunità e a ottenere per l'Italia 30 miliardi di flessibilità – cioè di deficit altrimenti non consentito – che però sono finiti tutti in trasferimenti correnti, utili soprattutto alla crescita nei sondaggi del partito che li distribuiva e non certo del Pil. L'unico mercato che quelle risorse hanno fatto crescere è quello del voto.

Le scelte discutibili di quella stagione sono il risultato di un cambio di approccio della Commissione le cui conseguenze si fanno sentire ancora oggi, visto che ha plasmato anche l'ultima revisione del Patto di stabilità e crescita.

Dopo gli anni dell'austerità e della crisi dell'euro, la Commissione europea è caduta vittima dell'illusione che accordi personalizzati tra Bruxelles e gli Stati membri siano più efficaci di regole fondate su parametri uguali per tutti e meccanismi automatici di applicazione.

Soprattutto nei dibattiti interni a Paesi ad alto debito come l'Italia, è diventato un luogo comune che le soglie di debito e deficit previste nel Patto di stabilità e crescita originario e nella sua versione rafforzata (il Fiscal Compact) fossero troppo stringenti e, in ultima analisi, dannose, perché costringevano gli Stati membri a limitare l'intervento pubblico nelle fasi di crescita bassa o negativa, e così rendevano più lungo e sofferto il percorso di ripresa.

A Bruxelles e in molte capitali è prevalsa l'idea che siano più efficaci e politicamente sostenibili impegni di bilancio concordati tra Stati membri e Commissione, in modo da adeguare il percorso di contenimento di debito e deficit alle specificità di ciascuna situazione e da evitare che i governi possano poi scaricare tutto il costo politico di misure impopolari sull'Unione europea, con la frequente giustificazione «non vorremmo farlo, ma ce lo chiede l'Europa».

Non si è posta però sufficiente attenzione ai rischi che comporta il superamento di regole certo rigide ma trasparenti, e il passaggio a una interpretazione flessibile e discrezionale degli impegni di bilancio, che finisce per sottostare a logiche politiche.

Lo stesso Jean-Claude Juncker, da presidente della Commissione, nel 2016 ha reso esplicita questa valutazione politica, e non tecnica, dei conti pubblici degli Stati membri: anche se Parigi non aveva rispettato gli impegni concordati di riduzione del deficit, Juncker le concesse due anni ulteriori per riportarlo sotto la soglia del 3 per cento «perché la Francia è la Francia». Per poi specificare che le regole di bilancio non dovevano essere applicate «in modo cieco»; ma la sua Commissione ha dimostrato di avere una vista fin troppo selettiva.

Anche i tedeschi, che hanno la reputazione di essere i più severi guardiani delle regole, hanno ceduto talvolta alla tentazione di applicarle con una flessibilità molto politica, in funzione delle esigenze tattiche del momento.

Dopo gli anni traumatici della gestione della crisi greca, con la Germania accusata di essere responsabile di un'austerità eccessiva, è stato proprio il simbolo di quella austerità, il ministro delle Finanze tedesco Wolfgang Schaeuble, a chiedere alla Commissione di non sanzionare Portogallo e Grecia che non avevano rispettato gli impegni sul deficit. «Schaeuble salva Spagna e Portogallo» titolava il 27 giugno del 2016 il giornale «Politico.eu».

Le ragioni di Schaeuble erano tutte politiche: da esponente della Cdu tedesca, il partito conservatore di Angela Merkel, non voleva destabilizzare il fragile governo di centrodestra guidato da Mariano Rajoy in Spagna, importante per il Partito popolare europeo negli equilibri a livello Ue, in una fase in cui sia Francia sia Italia erano governate dal centrosinistra.

Il Portogallo aveva un premier socialista, António Costa, ma ha comunque beneficiato dell'interessamento di Schaeuble, sia perché salvare il Portogallo era necessario per salvare la Spagna, ma anche perché Lisbona andava incoraggiata come storia di successo di gestione degli squilibri di bilancio da contrapporre a quella della Grecia.

La Commissione avrebbe potuto ignorare le pressioni di Schaeuble: dopo la perdita di credibilità delle regole fiscali nel 2003 quando Francia e Germania avevano esagerato con il deficit senza conseguenze, la Commissione aveva ottenuto più poteri sul rispetto delle regole di bilancio e la possibilità di imporre sanzioni anche se alcuni Paesi membri erano contrari. Soltanto una maggioranza dei due terzi degli Stati avrebbe potuto bloccare la decisione di aprire una procedura di infrazione per deficit eccessivo.

Il presidente della Commissione Juncker, però, preferì assecondare le pressioni di Schaeuble ed evitare lo scontro, così da guadagnare credito politico verso la Germania e migliorare un po' la sua reputazione di interprete troppo morbido delle regole: «Non possiamo essere più cattolici del papa, e sappiate che il papa vuole zero sanzioni» disse Juncker ai suoi commissari per giustificare l'inazione nei confronti di Spagna e Portogallo. Il papa dell'austerità, in questo caso, è ovviamente Schaeuble, scomparso alla fine del 2023.

In quella fase ebbi modo di manifestare ai commissari europei il mio dissenso su questo approccio discrezionale e molto politico alle regole di bilancio.

Poche settimane dopo la decisione di tollerare i deficit di Spagna e Portogallo per ragioni politiche, a settembre 2016 al Forum Ambrosetti di Cernobbio rappresentai ai vicepresidenti della Commissione Frans Timmermans e Valdis Dombrovskis i miei dubbi su quella flessibilità discrezionale. Temevo che le ripetute concessioni di ampia flessibilità avrebbero potuto erodere la credibilità della Commissione e dell'eurogruppo, la riunione dei ministri economici dell'area euro, quali «giudici» imparziali incaricati di far rispettare il Patto di stabilità.

Per questo, provai a sostenere, sarebbe stato meglio passare a regole di disciplina dei bilanci pubblici più convincenti sul piano economico, che permettessero agli Stati membri di fare gli investimenti pubblici necessari a stimolare la crescita, anziché tollerarli malvolentieri concedendo di volta in volta una certa dose di flessibilità discrezionale.

In questo modo, non sarebbe più stato necessario derogare alle regole fiscali europee, in particolare per quegli sconfinamenti causati non da investimenti per il domani ma da bonus vari per l'oggi. Su questo tema, però, Timmermans e Dombrovskis non si espressero.

In occasione dell'accordo di fine dicembre 2023 sulla riforma del Patto di stabilità e crescita nella sua versione post-pandemia, ho avuto occasione di tornare sul tema, sul «Corriere della Sera», per commentare un accordo che non è all'altezza delle sfide che l'Ue deve affrontare.

Il vecchio Patto, stipulato nel 1997, parlava ai popoli ed era comprensibile; il nuovo parla ai politici ed è poco comprensibile. Ancora nel 1997, le opinioni pubbliche di Germania, Olanda e altri Paesi a valuta forte erano contrarie all'idea che il marco e il fiorino sarebbero presto scomparsi, sostituiti dall'euro, moneta che sarebbe stata condivisa anche da Francia, Belgio, forse perfino da Italia e Spagna, Paesi propensi a frequenti svalutazioni.

Il cancelliere tedesco Helmut Kohl e il suo ministro delle finanze Theo Waigel, invece di assecondare quelle paure (cavalcate dal capo dell'opposizione Gerhard Schroeder, che infatti proprio su questo terreno lo avrebbe sconfitto alle elezioni del 1998), mantennero però la rotta, rassicurando per quanto possibile i cittadini.

Nacque così il Patto di stabilità e crescita, scritto con l'accetta e per questo criticato dagli economisti, che però servì allo scopo. Senza quel grezzo documento (sottoscritto per l'Italia dal presidente del Consiglio Romano Prodi e dal ministro del Tesoro Carlo Azeglio Ciampi) l'euro probabilmente non sarebbe nato. E invece è nato, nel 1999 per le banche e nel 2002 per i cittadini.

Il Patto, con altre normative intese a chiarirne e rafforzarne l'applicazione, ha subito diverse modifiche da allora, in particolare a opera del Parlamento europeo nel 2011. Con i miglioramenti sono arrivate anche maggiori complicazioni.

Dopo la sospensione dovuta alla pandemia, la bozza del nuovo Patto preparata dal commissario agli Affari economici Paolo Gentiloni era inevitabilmente complessa. Il negoziato, durato mesi, ne ha reso ancor più impervia la comprensione ai non tecnici, da ultimo per le varie esigenze reclamate con forza dal ministro tedesco delle Finanze Christian Lindner.

Il combinato disposto dell'esigenza sua di apparire in Germania come rigoroso – soprattutto dopo una pesante sentenza della Corte costituzionale che ha sanzionato il ricorso a debiti fuori bilancio per aggirare il tetto all'indebitamento tedesco – senza però esserlo troppo nei confronti delle esigenze altrui (soprattutto del governo italiano in relazione alle conseguenze finanziarie del Pnrr e del Superbonus, e del governo francese in vista delle elezioni presidenziali del 2027) ha reso ardua la comprensione del testo.

In secondo luogo, il Patto del 1997 rifletteva l'egemonia della Germania, ancora di stabilità e capace di orientare sul lungo periodo l'integrazione europea, fondata su un'economia sociale di mercato competitiva e sulla disciplina di bilancio.

Il nuovo Patto risente sempre dell'influenza della Germania, tuttora forte, ma essa da qualche tempo si è appannata, ha perso in autorità morale, a volte esporta instabilità (o ricorre ad artifici contabili).

Nelle attuali condizioni, sarebbe stato auspicabile che la Commissione, ma anche l'Italia e la Francia, puntasse a dare molto più vigore, nella nuova governance, alla procedura contro gli squilibri macroeconomici, per spingere la Germania a adempiere sistematicamente al ruolo di sostegno macroeconomico per l'Europa, a fronte delle possibili conseguenze recessive della maggiore aderenza degli altri Stati membri alle regole di bilancio.

In terzo luogo, come ho già detto, il vecchio Patto

era certamente troppo parco nel dare spazio agli investimenti pubblici, con conseguenze che hanno pesato a lungo sulla crescita e sull'ammodernamento strutturale delle economie europee. Ma la nuova versione non è in questo molto diversa.

È come se la parte meno buona del lascito della cancelliera Angela Merkel e del ministro Wolfgang Schaeuble si fosse cristallizzata in un corsetto d'acciaio della Germania sull'Europa.

Sarebbe stato meglio, di fronte alla pallida leadership del cancelliere socialdemocratico Olaf Scholz, successore di Merkel, spingere di più sulla procedura contro gli squilibri macroeconomici. Analogamente si sarebbe dovuto mettere forte pressione sulla Germania per convincerla che in Europa non ci può essere una crescita adeguata finché mantiene lo Schuldenbremse, «freno sul debito», come regola costituzionale (peraltro recentemente elusa), invece di sostituirla con qualcosa di simile a quella golden rule che c'era nella Costituzione tedesca nei decenni del miracolo economico.

Così i cittadini avrebbero capito che vi è una distinzione sensata tra spesa per consumo e spesa per investimenti. Un'Europa circondata da Putin, Erdogan, Xi Jinping e sotto la minaccia di un ritorno di Donald Trump non può permettersi di trattare allo stesso modo uno Stato membro che finanzia a debito una infrastruttura digitale cruciale per la sicurezza e un altro che, sempre a debito, finanzia per gli stessi importi incentivi ai consumi privati.

È anche nell'interesse della Germania che in Europa i bilanci siano certo disciplinati (quello Ue e quelli nazionali), ma disciplinati con efficaci strumenti contemporanei, che preparino l'Unione e i singoli Stati membri alle sfide di domani, anziché con logiche nate quando nell'Europa Centrale si temeva che l'attacco più pericoloso potesse venire dai disinvolti Paesi del cosiddetto «Club Med».

Vedremo quali saranno le conseguenze di questo nuovo Patto di stabilità riformato sulla politica italiana, soprattutto al termine della fase transitoria 2025-2027. Di sicuro il decennio di interpretazioni flessibili e discrezionali delle regole di bilancio ha reso molto meno stringente quel vincolo esterno che un po' tutti i partiti si erano rassegnati, con la riluttanza di cui si diceva, a rispettare dopo la crisi dell'euro.

Come abbiamo visto, nel giro di pochi anni, le istituzioni europee sono passate dall'imposizione di vincoli severissimi a un sostanziale negoziato animato più da ragioni politiche che da valutazioni economiche.

Quando il nostro governo si è insediato, nel novembre 2011, non aveva molte alternative: per non perdere definitivamente la fiducia dei creditori internazionali e dei mercati doveva applicare l'austerità alla quale si era impegnato nell'estate precedente il governo Berlusconi.

I governi Letta, Renzi e Gentiloni, tra il 2013 e il 2017, si trovarono a operare in un contesto macroeconomico radicalmente diverso. I timori sulla tenuta della moneta unica erano svaniti, l'Italia non rappresentava più un problema, i mercati venivano inondati di liquidità da parte della Banca centrale europea, grazie alle diverse misure note come quantitative easing, che dal 2015 hanno di fatto reso impossibile un rapido aumento dei rendimenti sul debito pubblico come quello con cui ci eravamo dovuti confrontare tra il 2011 e il 2012.

Il costo del debito italiano a dieci anni scese dal 4,5 per cento circa del 2013 al momento delle elezioni fino a sotto l'1,5 per cento nel 2016. Con i mercati in quelle condizioni, se anche un governo non era diligente nel rispettare gli impegni sul contenimento del disavanzo, non affrontava conseguenze.

4. *L'esperimento sovranista*

I mercati non pungevano più e avevano smesso di essere una variabile significativa nella vita politica italiana, con effetti che si sono presto visti, specie con la campagna elettorale del 2018, che ha precipitato l'Italia in un contesto di nuovo preoccupante.

Quella campagna elettorale e gli impegni che i partiti hanno preso a prescindere dalla loro concreta realizzabilità di bilancio condizionarono la formazione del successivo governo gialloverde, come venne chiamata la coalizione tra Lega e Movimento cinque stelle, con ripercussioni importanti anche per la successiva esperienza di governo di Giorgia Meloni, per le ragioni che mi accingo a spiegare.

Se un candidato promette a un elettore denaro o favori, in certe circostanze è perseguibile penalmente. Se un'impresa fa un'offerta al pubblico e qualcuno l'accetta, l'impresa è giuridicamente vincolata. Ma se un partito promette agli elettori benefici o riduzioni fiscali e non dice niente sugli oneri per il bilancio e sulla copertura, non rischia nulla.

Mentre un mini voto di scambio, fatto con soldi suoi,

giustamente può mettere un politico nei guai, un maxi voto di scambio, proposto da un partito agli elettori a valere sui soldi dei cittadini, non gli crea alcun problema legale, né tantomeno reputazionale. Stessa cosa in caso di violazione delle promesse fatte.

Se le leggi impongono una certa serietà ai comportamenti tra individui, ci lasciano invece esposti, come cittadini, a gradi elevati di irresponsabilità proprio nella fase più importante e delicata della nostra vita collettiva: quella in cui scegliamo chi farà le leggi e governerà. La campagna elettorale 2018 ha battuto ogni record, per l'irrealismo delle proposte avanzate dai partiti. Le cause furono probabilmente due.

Quelle sono state le prime elezioni italiane dell'era dei social media fortemente condizionate dal *fake*. L'assuefazione alle fake news ha aperto la strada a fenomeni collegati: i *fake programs*, particolarmente immaginativi per partiti nuovi, che non possono ancora attrarre elettori sulla base di comprovate capacità di governo, e le *fake stories*, con le quali viceversa partiti che hanno governato in anni recenti o recentissimi cercano di riscrivere gli episodi meno felici di quelle fasi.

L'altra ragione, che contribuisce a spiegare il fiorire di proposte poco responsabili sulla finanza pubblica, è, come accennato prima, la perdurante accondiscendenza monetaria della Banca centrale europea.

Il protrarsi del quantitative easing ha causato, con il finanziamento facile del settore pubblico e i tassi di interesse molto bassi, un effetto anestetico, un artificiale offuscamento delle reali condizioni della finanza pubblica e dell'economia. Si sono così attenuati gli stimoli a completare il risanamento finanziario e le riforme strutturali.

Erano di questo tipo le ragioni per le quali il «Corriere della Sera», alla fine degli anni Settanta, chiedeva che la Banca d'Italia fosse meno subordinata alle esigenze di finanziamento del Tesoro e nel 1981 appoggiò il «divorzio», deciso consensualmente dal ministro Beniamino Andreatta e dal governatore Carlo Azeglio Ciampi.

Con il quantitative easing, per motivi contingenti ma validi, si è in parte disfatto a Francoforte quel che era stato fatto allora a Roma. Già nel 2018 era chiaro, però, che questa temporanea facilitazione fosse a termine, come annunciato dall'allora presidente della Bce Mario Draghi.

Tra i diversi partiti, nelle settimane della campagna elettorale, si osservarono due convergenze: una dichiarata e positiva, l'altra non dichiarata e pericolosa.

Da un lato, nessuno ha più promesso un'uscita dall'euro. Dall'altro, i partiti hanno proposto politiche molto diverse, come è naturale, ma con un elemento in comune: quale più, quale meno, erano il genere di misure con effetti sul bilancio pubblico che potevano rischiare di rendere impossibile o precaria la permanenza dell'Italia nell'euro.

Ogni promessa è debito, dice il proverbio. Quando le promesse sono dei partiti, però, il debito è nostro. E il governo Cinque stelle-Lega impostò la sua prima – e unica – legge di bilancio ricorrendo a un uso spregiudicato del debito, ai fini di consolidare il consenso ottenuto in quella scriteriata campagna elettorale, come rese evidente una subitanea impennata dello spread dopo anni nei quali la politica aveva potuto dimenticarsi dei mercati finanziari.

Quella manovra finanziaria era senza dubbio irresponsabile, ma per le componenti del governo giallo-verde fu parte fondamentale di una strategia di consensus-building da manuale.

All'epoca, sia il capo dei Cinque stelle Luigi Di Maio sia il segretario della Lega Matteo Salvini disprezzavano i mercati finanziari, eppure sembravano averli studiati a fondo, o almeno sembravano averne intuito alcuni aspetti fondamentali.

Quel che fecero, con le tre «carte» programmi elettorali, contratto di governo, manovra, fu un impeccabile e riuscitissimo Lbo (leveraged buy-out). Un Lbo è un'operazione di finanza strutturata utilizzata per l'acquisizione di una società mediante lo sfruttamento della capacità di indebitamento della società stessa.

Nel caso di Lega e Cinque stelle, la società è lo Stato italiano. Il controllo dello Stato (assicurato dalla maggioranza parlamentare e dal governo) è stato acquisito mediante l'emissione di ingenti promesse di pagamenti vari ai cittadini-elettori (reddito di cittadinanza, flat tax, condono, abolizione della legge Fornero eccetera), beninteso alla condizione che si presentassero numerosi il giorno dell'assemblea sociale (le elezioni) e votassero in modo tale da far sì che gli autori delle promesse acquisissero il controllo della società (lo Stato) e assolvessero poi al debito da loro assunto con le promesse attingendo alla cassa della società e alla sua capacità di indebitarsi ulteriormente.

Certo, siccome coloro che avevano accettato le promesse-contro-voto facevano parte di due grandi gruppi, quello giallo e quello verde, occorrevano appropriati accordi (il contratto di governo) per assicurare un equilibrio nell'assolvimento delle promesse fatte agli uni e agli altri.

Dato che le disposizioni del contratto di governo hanno natura di patti parasociali, nessuna sorpresa che a garantirne l'osservanza, come spesso avviene per i presidenti dei patti di sindacato, venne chiamato come presidente del Consiglio un docente di Diritto, Giuseppe Conte.

Il tentativo del governo Conte I di sfidare la Commissione europea e i mercati e rompere la continuità di rispetto dei vincoli di bilancio che risaliva al 2011-2012 durò poco: il deficit in quella manovra venne rivisto dal 2,4 per cento del Pil al 2,04. Una scelta cosmetica a suo modo geniale, quella di presentare una sostanziale sconfitta – 6,5 miliardi di deficit in meno del previsto – come qualcosa di simile al risultato desiderato, confidando che gli italiani avessero scarsa dimestichezza con i decimali.

La coalizione gialloverde provò ad abbattere il muro di Bruxelles e fallì. Così come si era rivelato fallimentare il tentativo di cambiare le coordinate della politica economica con l'indicazione di Paolo Savona, interprete delle posizioni più ostili alla moneta unica e ai vincoli di bilancio, come ministro dell'Economia. Una nomina che poi la moral suasion del presidente della Repubblica Sergio Mattarella aveva scongiurato.

La parabola della coalizione gialloverde, che si concluse con la brusca fine del governo nell'estate del 2019 e con un cambio di maggioranza, è molto importante per spiegare come mai Giorgia Meloni, una volta arrivata al governo, non abbia pensato neppure per un attimo di rimettere in discussione i vincoli economici e finanziari.

5. Il trasformismo, antico vizio (o virtù?)

Tra il 2018 e il 2019, Giorgia Meloni, con il suo partito di destra Fratelli d'Italia, non era la sola all'opposizione dei gialloverdi, ma certo era l'unica sovranista all'opposizione. E dai banchi di Montecitorio poté osservare la corrida di Lega e Cinque stelle e l'enorme prezzo politico che pagarono in termini di credibilità e prospettive quando provarono a contestare la linea di continuità in politica economica che risaliva alle scelte difficili del 2011-2012.

Quando è arrivata al potere, dunque, Meloni ha proposto una versione di sovranismo molto diversa da quella fallimentare che aveva potuto osservare a distanza di sicurezza.

Giorgia Meloni ha capito che la scelta di rottura su Europa e conti pubblici ha finito per indebolire i due partiti, Lega e Cinque stelle, che se la sono intestata e favorire l'emersione di un'alternativa politica prima impensabile, grazie anche alla diabolica efficacia di Matteo Renzi, che ha propiziato l'alleanza tra gli ex nemici Pd e Cinque stelle (salvo poi sabotarla lui stesso poco più di un anno dopo).

Con quella operazione spregiudicata che ha portato al governo Conte II, Renzi ha fatto ammenda per quella che io considero la sua principale colpa: all'indomani del voto del 2018, mentre era ancora segretario del Pd e anche dopo, avrebbe dovuto cercare subito un dialogo con i Cinque stelle, che in quella fase erano forse un po' confusi, ma di certo non erano più così antieuropeisti. Il Pd era ancora in tempo per sottrarre il Movimento alla «cattiva educazione» che poi la Lega gli ha impartito in materia di conti pubblici e rapporti con

Bruxelles, schiacchiando così i Cinque stelle sulla loro componente più disinvolta in campo fiscale e scettica verso l'Europa (e l'euro), mentre quella più pragmatica e moderata restava in ombra.

Ho avuto conferma di questa mia convinzione anche nelle sporadiche interazioni che ho avuto con Luigi Di Maio prima e con Giuseppe Conte poi. L'unica volta che ho bussato a Palazzo Chigi in quella fase è stato proprio per andare a spiegare a Conte, primo ministro del suo secondo esecutivo, perché fosse importante ratificare la riforma del Meccanismo europeo di stabilità.

Devo essere stato convincente, perché poi lui ha spinto il Movimento cinque stelle su quella posizione con una capacità dialettica tale che in Senato mi sono dovuto congratulare per la sua «pedagogia didattica». La Lega, non più alleata dei Cinque stelle, ha trasformato quel mio apprezzamento in uno slogan d'accusa, esposto su appositi striscioni in aula.

Tre anni dopo quel 9 dicembre 2020, però, qualcosa è cambiato. Nel dicembre 2023 la presidente Meloni ha incrinato il suo sostanziale rispetto della continuità europeista con il passato, ha spinto la sua maggioranza di centrodestra a opporsi alla ratifica del Mes alla Camera e ha accusato Conte di averne approvato la riforma a Bruxelles quasi di nascosto – mentre c'era stato appunto un apposito dibattito parlamentare, e diversi mesi prima rispetto alla data indicata da Meloni.

Anche Conte, che pure tanto era stato efficace nel tenere su una linea europeista i Cinque stelle, in quell'occasione ha deciso però di votare contro la ratifica del Mes e dunque contro la sua stessa scelta di tre anni prima.

Sul governo Draghi ho espresso le mie opinioni più volte, sia positive sia negative, che forse hanno fatto un po' colpo dato che erano poche le critiche a quel governo.

Nel febbraio 2021 l'eccezionalità di quell'esecutivo e delle condizioni in cui venne chiamato a operare è evidente a tutti: un presidente del Consiglio senza precedenti per autorevolezza internazionale e gradimento nel Paese; un'Europa che per la prima volta metteva a disposizione degli Stati membri, dell'Italia più di ogni altro, ingenti donazioni e prestiti, con il programma Next Generation Eu e i Piani nazionali di ripresa e resilienza.

A rendere particolarmente favorevole il contesto per il governo Draghi intervenne anche la sospensione di ogni vincolo sui bilanci degli Stati; la creazione di moneta senza limiti da parte della Bce; una fase della finanza mondiale che permetteva di spendere a prestito con tassi molto bassi o addirittura negativi.

Delle due l'una, osservavo in quei mesi sul «Corriere della Sera». O si pensa che questo sia un «nuovo paradigma», destinato a durare ancora a lungo e allora non c'è urgenza di mettere a frutto questa fortunata costellazione, oppure, se si pensa che il disavanzo solo raramente è «buono» – come lo stesso Mario Draghi lo ha definito in alcune occasioni – e che la sostenibilità del debito può tornare a essere un problema, allora bisogna affrettarsi a prendere decisioni anche impopolari, ma che rendano l'Italia meno fragile, prima che tornino personaggi sgradevoli come i tassi di interesse che salgono, gli spread che si allargano, l'inflazione.

Purtroppo, tutto questo ha cominciato a riapparire ben presto. La guerra in Ucraina ha aggravato e per certi versi accelerato questo scenario, non l'ha però per nulla determinato, in quanto intervenuta successivamente.

Di fronte alle innegabili difficoltà delle famiglie e delle imprese, crebbe la pressione sul governo per ogni tipo di sussidio e bonus che risponde prontamente.

In un certo senso, è come se fosse tornata all'improvviso la vecchia scala mobile, con due pericoli in più: finisce per essere largamente a carico dello Stato; e si chiede che operi proprio sull'inflazione importata, perché a salire sono in primo luogo i prezzi dell'energia importata, mentre il faticoso disinnesco della scala mobile negli anni Ottanta iniziò proprio con l'idea di scorporare dal suo meccanismo l'inflazione importata, che grava certo sui lavoratori, ma non si accompagna a un'espansione dei margini di profitto, come nel caso dell'inflazione da domanda (che peraltro oggi non è assente, data la gigantesca espansione della creazione di moneta negli anni scorsi in Europa e nel mondo).

Poco o nulla è stato fatto sulle riforme strutturali più importanti, dalla concorrenza al fisco, per le quali si sono registrati arretramenti che dal governo Draghi non ci saremmo aspettati.

Come ha scritto l'economista Veronica De Romanis nel suo libro sulla spesa pubblica *Il pasto gratis*, un po' tutti i partiti hanno apprezzato soprattutto un'innovazione del governo Draghi, cioè l'introduzione del concetto di debito «buono», quello che dovrebbe essere legittimo perché indirizzato a misure utili alla crescita come investimenti in infrastrutture o in capitale umano, mentre la spesa corrente può essere finanziata soltanto con coperture strutturali.

Ai partiti il concetto di debito «buono» è piaciuto così tanto che, scrive De Romanis, ormai «trovare misure di spesa finanziate con debito definito "cattivo" è impossibile. Il pasto, oltre che gratis, è diventato buono, virtuoso. In un certo senso, anche meritato».

Con la parentesi del governo Draghi l'Italia ha sprecato l'ultima di una serie di occasioni per avvicinarsi a essere una moderna economia sociale di mercato. Non è migliorato il mercato, perché si è stati molto timidi nell'ampliare la concorrenza. Ed è peggiorato il sociale, perché ci si è rifiutati anche solo di considerare forme di imposizione capaci di attenuare le «inaccettabili» diseguaglianze sociali, che in realtà tutti – partiti e governo – accettano tranquillamente.

6. *Circolazione delle élite*

Il bilancio di questo decennio lungo di politica italiana osservata da vicino ma non da dentro è che sulle questioni macro e sull'Europa la continuità, molto riluttante, c'è stata. Anche se mai argomentata come ho provato a fare ai tempi del nostro governo: il rispetto delle regole non è un atto di sottomissione a un'autorità esterna, quella di Bruxelles, ma una scelta fatta in modo pienamente responsabile per tutelare le generazioni future e le prospettive del Paese.

Questa tesi, che può sembrare facile da sostenere in tempi di calma, io l'ho ribadita anche nel momento massimo dell'emergenza, quando si trattava non solo di enunciarla ma di concretizzarla con l'approvazione di provvedimenti molto impegnativi.

Ricordo che alla richiesta di commento di un giornale francese sul decreto Salva Italia, il 5 dicembre 2011 avevo risposto: «Io cerco di spiegare agli italiani che certe cose dobbiamo farle per noi, per i nostri figli; se è anche un vincolo europeo, non dirò che è un vincolo europeo contro la nostra volontà: preferisco essere considerato io impopolare, piuttosto che venire considerata impopolare l'Europa dagli italiani, perché di me si può presto fare a meno, dell'Europa no».

Con il tempo posso dire che questo risultato è stato raggiunto: l'Europa oggi gode di una popolarità in Italia molto superiore rispetto all'inizio dello scorso decennio.

Dai miei successori e un po' da tutti i partiti, però, il «vincolo esterno» non è stato abbracciato con consapevolezza, ma tollerato a stento come un elemento estraneo quanto insuperabile.

Prendiamo il caso della riforma delle pensioni: i governi che si sono succeduti avrebbero voluto scardinarla, ma non sarebbero riusciti a gestirne l'impatto macroeconomico. Si sono dunque rassegnati, ma invece che usare un comprensibile cinismo tattico e spiegare agli elettori che quella riforma era forse il risultato malefico prodotto da tecnici ed Europa al quale bisognava tuttavia rassegnarsi, hanno continuato a cercare voti proponendo di eliminare la legge Fornero. Pur sapendo che era impossibile.

Dove il vincolo esterno non era così forte, hanno proceduto a smontare il lavoro fatto senza alcuna riluttanza. Cito un esempio di importanza economica forse modesta, ma di grande rilevanza simbolica: la riforma della geografia giudiziaria, che riduceva il numero dei tribunali e di uffici giudiziari sul territorio.

Sulla base di analisi commissionate dall'allora ministra della Giustizia Paola Severino, non è mai stato vero che dove ci sono più tribunali ci sono meno reati, e dunque le ragioni dell'efficienza consigliano la concentrazione degli uffici e la specializzazione dei magistrati. Per garantire una giustizia più equa e rapida ai cittadini, non soltanto risparmi allo Stato.

Dopo il nostro governo, però, la pressione dei territori è stata fortissima e le spinte in direzione contraria hanno impedito che quella riforma si completasse.

Una questione di importanza enormemente maggiore è quella della fiscalità. Del nostro governo molti ricordano le ispezioni della Guardia di Finanza tra i villeggianti a Cortina d'Ampezzo: in realtà io non ero stato informato di quella iniziativa, e appresi la notizia mentre mi trovavo a Berlino per un incontro con Angela Merkel (che si è congratulata per l'intervento). Pur in assenza di un mio coinvolgimento diretto, certamente la Finanza si era mossa in coerenza con un quadro e un clima che erano cambiati con il nuovo governo.

Nel decreto Salva Italia, scritto in due settimane, avevamo introdotto la trasparenza di tutti i conti correnti agli occhi del fisco e questa, era noto già all'epoca, è la chiave di volta della lotta contro l'evasione. I molti interessi organizzati e politici, oltre che le resistenze amministrative, hanno ritardato l'operatività di quella svolta per molto tempo. Soltanto molti anni dopo, nel 2018-2019, il meccanismo ha iniziato a funzionare. E infatti l'evasione è subito diminuita in modo considerevole.

Nello stesso spirito e nella stessa direzione andava la nostra scelta di imporre una riduzione drastica del tetto al contante da 5000 a 1000 euro. È stata una delle poche decisioni sulle quali si è pronunciato Silvio Berlusconi, allora in maggioranza ma che su molto altro non interveniva. Ha cercato di spiegarmi che non era il caso, perché non è soltanto la malavita ad aver bisogno di considerevoli somme liquide, ci sono anche tante persone normali. Chi regala un gioiellino all'amante preferisce non lasciare traccia, mi spiegava.

Il tetto lo abbiamo imposto comunque, ma pochi anni dopo – già con il governo di Matteo Renzi, nel 2014 – c'è stata l'inversione di marcia. Così come presto sono tornati i condoni, che il nostro governo è stato l'unico a non usare: niente condoni previdenziali, o fiscali o edilizi, anche se di sicuro il 2011 e il 2012 erano gli anni in cui ci sarebbe stato più bisogno di qualche fonte di gettito aggiuntiva. Ma volevamo dare un messaggio chiaro di equità fiscale.

Ricordo la vicenda del condono per l'affissione dei manifesti elettorali dei partiti in campagna elettorale. Come d'abitudine, la Camera aveva votato una sanatoria delle multe: era una specie di prassi consolidata. Quando ce ne siamo accorti, abbiamo imposto di cancellare la sanatoria. La politica non deve fornire il cattivo esempio.

È durata poco: tutti i governi successivi hanno fatto ampio ricorso a condoni, paci fiscali, rottamazioni di cartelle, in nome di un fisco «amico». In un Paese di evasori fiscali va bene il fisco amico, ma è più credibile se prima di fare amicizia con i contribuenti onesti educa quelli più disonesti.

Anche il tentativo di tassare gli immobili invece che il lavoro, come ci continua a chiedere – inascoltata – l'Ocse, non ha avuto lunga vita. Già il governo Letta nel 2013 ha iniziato a cancellare l'Imu sulle prime case, che noi avevamo rimesso.

Per anni il presidente di Confedilizia, Giorgio Spaziani Testa, mi ha contestato di essergli costato 240-

250 miliardi. E ogni volta che mi rinfaccia quella cifra, io ne sono orgoglioso.

In Italia le obiezioni contro la tassazione sugli immobili sono da sempre forti ma risibili: si dice che, visto quanto è diffusa la proprietà immobiliare, tutti hanno una casa e dunque non si può tassare. Quasi tutti, però, usano la benzina che è ben più tassata degli immobili.

Di recente si ricorre all'argomento del valore «morale» della casa, quasi a completamento della spesso evocata trinità Dio, patria e famiglia. Ma se i genitori sostengono molti sacrifici per lasciare ai loro figli una abitazione, finiscono per investire più nel mattone che nell'istruzione. E così causano un danno di lungo periodo alla generazione successiva, anche se con le migliori intenzioni.

Dovrebbe essere un compito del centrosinistra quello di correggere questi squilibri, di tassare più il mattone che il lavoro e, questione strettamente connessa, rivedere le imposte di successione che in Italia sono esigue. Ma quando Enrico Letta, da segretario del Pd, ha timidamente proposto un intervento in materia, è stato subito bacchettato da tutti, perfino dall'allora presidente del Consiglio Mario Draghi.

Tassare i patrimoni invece che il lavoro, usare lo strumento fiscale per ridurre le disuguaglianze invece che esasperarle, per riequilibrare i rapporti tra generazioni anziché per garantirne la continuità: mi rendo conto che questi temi sembrano diventati politicamente non percorribili.

Serve una grande opera di pedagogia, il problema risale a quando Silvio Berlusconi per primo, ma non da solo, ha diffuso l'idea che tassare significa «mettere le mani nelle tasche degli italiani». Non viene mai sottolineato, però, che anche l'evasione – o la proroga di privilegi o rendite ingiustificabili – implica che alcuni italiani mettano sistematicamente le mani nelle tasche di altri italiani.

E se anche fosse politicamente suicida tentare di correggere questi squilibri, sarebbe una buona ragione per non provarci? Qualcuno potrebbe obiettare che io sono in una posizione particolare per suggerirlo, visto che sono stato chiamato al governo dal presidente Giorgio Napolitano, senza dover cercare i voti per entrare a Palazzo Chigi.

Quando ne sono uscito, però, con la breve esperienza di Scelta Civica, ho avuto modo di confrontarmi con le preferenze degli elettori.

Ottenere quasi tre milioni di voti, il 10 per cento del totale, dopo un'esperienza così impegnativa come quella del governo dell'emergenza, non era affatto scontato, e infatti nessuna forza «centrista» nel decennio successivo è mai arrivata vicina a quella soglia. A dimostrazione che non è poi così vero che adottare misure impopolari condanna a essere impopolari.

La storia d'Europa l'hanno fatta i leader che hanno accettato il rischio della sconfitta pur di fare quella che consideravano la cosa giusta, non certo quelli che hanno inseguito il consenso immediato.

Abbiamo bisogno di molti Helmut Kohl – disposto a sacrificare la carriera pur di favorire la riunificazione tedesca – e di pochi David Cameron, il premier inglese che ha indetto il referendum sulla Brexit convinto di poter così sedare la contestazione populista che minacciava i conservatori.

A proposito di populismo: è vero che la politica italiana è stata travolta da un'ondata di populismo antiestablishment in questo ultimo decennio, ma di argomenti per contestare le élite italiane ce ne sono fin troppi.

Un grande studioso del tema come Vilfredo Pareto sosteneva la necessità della «circolazione delle élite»: le élite possono essere rispettate se ci si può entrare per meriti propri e se è possibile uscirne per demeriti e sanzioni. Se, al contrario, prevale l'immobilismo anche di generazione in generazione, le élite finiscono per perdere ogni legittimità. A prescindere da come poi si comportano i suoi membri. La società è allora iniqua, l'economia stagnante. Questo è, per l'Italia, un tema drammatico.

Agli infuocati attacchi all'élite si accompagna curiosamente, soprattutto nella sinistra e nei movimenti che si dicono «populisti», la mancanza di interventi che servirebbero a stimolare la circolazione delle élite: l'insistenza sul merito, la tassazione progressiva (in Italia si tende a preferire la flat tax), un'equa imposizione sulle successioni, una modesta ma ricorrente imposta patrimoniale.

Finiamo così per avere un'élite sempre più sclerotizzata e che non si rinnova, un odio sempre maggiore per le élite, una politica che disdegna sempre più le competenze. E così, una volta per decennio, si finisce per aver bisogno di qualche «tecnico» che provi a realizzare ciò che i partiti non vogliono fare.

Sembra quasi un ciclo, destinato a ripetersi all'infinito. Per qualche anno la polvere viene messa con grande impegno sotto il tappeto. E, presto o tardi, si cerca qualcuno disposto a tirarla fuori.

7. *«L'Italia è il Paese che amo»*

Quando il 26 gennaio 1994 Silvio Berlusconi annunciò la sua discesa in campo, che tanta influenza ebbe – e ancora avrà dopo la sua scomparsa – sulla vita italiana, esordì con un'affermazione piena di emotività («L'Italia è il Paese che amo») ma anche di razionalità («Non voglio vivere in un Paese illiberale, governato da forze immature e da uomini legati a doppio filo a un passato politicamente ed economicamente fallimentare»).

La motivazione che indusse me ad accettare di succedergli a Palazzo Chigi nel novembre 2011, in una situazione del Paese certo molto peggiore di quella che egli ricevette dal presidente del Consiglio Carlo Azeglio Ciampi nel maggio 1994, era in parte identica, in parte simile.

Identica, perché anch'io ho sempre amato l'Italia (pur essendo meno incline del mio predecessore a esternare i sentimenti e incomparabilmente meno rilevante di lui nel determinarne le sorti). Simile, perché considererei anch'io una iattura vivere in un Paese illiberale. Del resto, è proprio questa grave preoccupazione, legata sia a fattori interni all'Italia sia al quadro geopolitico, ad avermi indotto ad approfondire il tema della demagonia e a sollecitare su di esso l'opinione pubblica.

L'8 maggio 1994, alla vigilia delle dichiarazioni programmatiche del neo-presidente del Consiglio Berlusconi alle Camere, il «Corriere della Sera» pubblicò un mio editoriale in cui lo esortavo a seguire una linea, nuova per l'Italia, di «liberismo disciplinato e rigoroso». Il 16 maggio, nel suo discorso, Berlusconi aderì esplicitamente a tale indirizzo («Il professor Monti, fautore come noi siamo di un "liberismo disciplinato e rigoroso"» eccetera).

Quel governo e i successivi tre guidati da Berlusconi, pur proclamando sempre la propria ispirazione liberista, non hanno potuto, né probabilmente voluto, spingersi molto avanti nelle liberalizzazioni, anche per la particolare attenzione dei partiti di centrodestra alle diverse categorie professionali poco esposte alla concorrenza.

Del resto, nella breve esperienza del nostro governo, i miei colleghi ministri e io abbiamo potuto constatare che spesso le maggiori resistenze all'apertura dei mercati venivano dalla parte di centrodestra dell'ampia maggioranza di unità nazionale. Va notato che è piuttosto un'eccezione, questa, sul piano europeo.

Credo che vada riconosciuto a Berlusconi il merito di avere impedito nel 1994 l'affermazione di una sinistra guidata da Achille Occhetto che non incarnava una visione di Paese molto attento al sociale ma anche proteso a rinnovarsi, a diventare più aperto e competitivo, a conquistarsi un ruolo significativo nella globalizzazione.

Ma gli impulsi in questa direzione che potevano ravvisarsi nel Berlusconi del 1994 non sono mai sbocciati, malgrado la lunga durata complessiva dei governi da lui guidati. Invece, si è visto presto che la forza della personalità e la vocazione naturale al rapporto sempre empatico con i singoli e con le masse facevano di lui un campione di populismo, forse il padre dei numerosi leader populisti che si sarebbero dopo di lui affermati in Europa e negli Stati Uniti.

L'amore per il nostro Paese non deve offuscare la volontà e la capacità di guardare con distacco, anche critico, certe caratteristiche che si riscontrano frequentemente nella mentalità di noi italiani. Ciò vale, naturalmente, per ogni popolo.

Ricorre nel 2024 il bicentenario del *Discorso sopra lo stato presente dei costumi degl'Italiani* di Giacomo Leopardi. Quel breve saggio, che potremmo definire di filosofia politica e di antropologia sociale, analizza con penetrante lucidità le caratteristiche psicologiche degli italiani, la loro *forma mentis*, il loro modo di essere e di comportarsi, tra loro e nel contesto europeo.

In precedenza abbiamo parlato di trasformismo. Questo riguarda le idee, le convinzioni che i personaggi della vita politica posseggono o ostentano, secondo le mutevoli convenienze. Ma colpisce la continuità, la sostanziale invariabilità attraverso due secoli del modo di essere.

Sono tratti piuttosto coerenti con il profilo che spesso ci viene attribuito: un popolo composto da individui di spicco, ricchi di qualità e di versatilità che non sono facilmente riscontrabili presso altri popoli. Ma siamo portati a formare piccoli gruppi, corporazioni, cordate, che cercano di avere protezioni a quel livello, non vedendo i benefici per la crescita e l'occupazione che deriverebbero da un «disarmo multilaterale» dei privilegi, delle protezioni, delle chiusure.

Dati questi lineamenti, non sorprende che siano scarsi il senso civico, il rispetto della legge, la coesione e, ahimè, l'onestà in materia fiscale. Davvero consiglio di leggere o rileggere questo breve e vivace scritto leopardiano. È come vedersi allo specchio.

Lo stato *presente* dei costumi degl'Italiani doveva essere quello prevalente nel 1824. Non sapeva il Nostro che quell'aggettivo sarebbe stato ancora appropriato duecento anni dopo. Ma è deprimente constatare che dentro, nella nostra mentalità e in alcuni dei «costumi» che meno ci qualificano per diventare un Paese robusto, che guarda al futuro, rispettato (senza doverlo «esigere» pubblicamente, il rispetto, come a volte fanno i nostri rappresentanti), siamo rimasti come eravamo nel 1824, visti da Recanati.

L'empatia è preziosa, perché arricchisce di sensibilità l'esperienza umana. Noi italiani siamo molto empatici, nei gesti e nel cuore. Anche per questo siamo di solito considerati simpatici. Attenzione, però: l'empatia in politica, come guida per le decisioni collettive, può essere pericolosa.

Scrive Paul Bloom nel suo libro *Contro l'empatia: una difesa della razionalità*: «Ma come può l'empatia farci sbagliare? In breve: l'empatia è un riflettore che illumina certe persone qui e ora. Questo ci porta a curarci di più di loro lasciandoci insensibili alle conseguenze di lungo termine dei nostri atti, e ciechi rispetto alle sofferenze di quelli con cui non possiamo empatizzare. L'empatia è faziosa, di parte. Ci spinge verso il campanilismo e il razzismo». In qualche modo, riemerge la distinzione di Max Weber tra etica delle intenzioni ed etica della responsabilità.

Seguire l'empatia ci fa sentire buoni. Ma può generare politiche che penalizzano chi non preme o non vediamo al momento della decisione, magari perché non è ancora nato. Contenere il disavanzo pubblico, vi assicuro, non è cosa gradevole, fa sentire cattivi. Ma chi penserà, in un mondo totalmente empatico, alle future generazioni, chi eviterà che siano travolte dal debito pubblico creato oggi per soddisfare esigenze dell'oggi?

E Giacomo Leopardi, in prima persona, che atteggiamento aveva nei confronti dello spirito civico e dell'osservanza delle regole? I suoi «costumi» erano simili a quelli «degl'italiani», da lui analizzati magistralmente?

Non saprei dire. Certo è che in una recentissima ricerca condotta da Massimo Franco nell'Archivio Segreto del Vaticano è comparsa una lettera di Giacomo Leopardi del 14 settembre 1836 a monsignor Ferretti, nunzio apostolico presso Sua Maestà Siciliana.

Diceva la lettera: «Io dimoro, come Vostra Eccellenza sa, a Napoli e per errore mi hanno compreso tra i contribuenti alle spese per la guardia civica di questa Capitale. Inoltre sono venuti i gendarmi. Ma io sono di Recanati, sto qui per caso». Massimo Franco intitola così: «Una lettera di Giacomo Leopardi per non pagare le tasse».

9.
Contro la demagonia

1. La demagonia si può vincere

A inizio 2012, la rivista «Time» ha messo una mia foto in copertina con un titolo impegnativo: «Può quest'uomo salvare l'Europa?». Per tutta la permanenza a Palazzo Chigi, ho avvertito il peso di quella frase (l'Europa, non solo l'Italia) e di quel punto interrogativo.

A distanza di oltre dieci anni dagli eventi, vorrei tentare un bilancio di quella vicenda utile a capire come rispondere oggi alla demagonia.

Quando i miei colleghi ministri e io siamo arrivati al governo, ci siamo trovati a dover gestire una doppia pressione.

Quella dei mercati finanziari, che misuravano nell'aumento dei rendimenti richiesti la sfiducia verso l'Italia, e quella dell'anticipo del pareggio di bilancio di un anno concesso dal governo Berlusconi alla Bce, dopo la lettera firmata da Jean Claude Trichet e Mario Draghi, alla quale si può far risalire il *quantum* di austerità poi contestato invece al nostro governo.

Senza nulla togliere ai meriti individuali di ciascun componente dell'esecutivo, la mia tesi è che non siano stati «i tecnici» a salvare l'Italia. Ma è l'Italia che ha salvato sé stessa. Intesa come la politica italiana e la società italiana.

Come Paese, non abbiamo chiesto di essere salvati da altri. Abbiamo lavorato per cambiare le condizioni nell'eurozona e costruire un contesto politico che permettesse alla Bce di schierarsi a difesa della moneta unica.

Lo abbiamo fatto costruendo, per mesi, un consenso lento, faticoso, perché mai la Germania o altri Paesi più rigidi avrebbero permesso che un presidente italiano della banca centrale mettesse a rischio le risorse di tutti per salvare proprio l'Italia se prima il Paese non avesse dimostrato di essere impegnato a cercare di salvarsi da solo.

L'aspetto che spesso viene trascurato, nel giudizio su quella fase storica, è che l'Italia si è salvata senza strappi, nel rispetto delle regole della normalità politica. Certo, il Paese ha potuto contare su un regista fuori dal comune come il presidente Napolitano, capace di scelte molto lungimiranti, ma è stata poi la politica – quella dei partiti – che ha sostenuto scelte serie e rigorose con la più ampia maggioranza della storia repubblicana.

Non ci sono state cesure o traumi nel passaggio da un governo all'altro, i partiti della maggioranza precedente hanno collaborato con la nuova, i leader delle singole formazioni hanno messo da parte le tentazioni di inseguire un consenso immediato nell'emergenza contestando le decisioni impopolari e hanno preferito condividerle, assumendosene – almeno nella prima fase –

le responsabilità. E lo stesso hanno fatto i sindacati e le altre parti sociali.

Al netto di una certa retorica sulle forme esteriori, perfino sull'abbigliamento (ricordo un po' troppi articoli sulla politica che «si mette il loden» o sul cagnolino che mi è stato messo in braccio durante un'intervista televisiva), all'improvviso si è scoperto che nel Paese c'era una diffusa domanda di una politica che fosse rigorosa e austera, non soltanto nei provvedimenti, ma anche nel modo di impostarli e di presentarli ai soggetti coinvolti e all'opinione pubblica.

Abbiamo sperimentato che non è vero che certe politiche sono impossibili da approvare, penso alla riforma delle pensioni o all'introduzione di tasse per riequilibrare il carico fiscale, come quelle sugli immobili. Ma i sacrifici, quando si chiedono, devono essere condivisi e ripartiti secondo equità.

In quella fase la politica italiana ha dimostrato che è perfettamente in grado di produrre antidoti alla demagonia sotto forma di politiche chiare, con effetti significativi di breve e lungo periodo, utili a rimuovere la polvere che soffoca l'economia e la società italiana invece di spazzarla sotto il tappeto per lasciarla nascosta il più possibile (una battuta che all'epoca girava diceva «Prima promettono mari e monti, poi chiamano Mario Monti»).

L'Italia ha prodotto una risposta alla demagonia che, almeno per una fase, ha chiuso senza drammi la lunga stagione conflittuale dominata dalla figura di Silvio Berlusconi e ha evitato (o quantomeno posticipato di una legislatura) che la delusione per la politica sfociasse in una ondata populista.

Un'ondata che è stata alimentata non dalle scelte del

rigore durante l'emergenza, ma dal fatto che gli stessi partiti che le avevano sostenute poi le hanno subito rinnegate, una volta diminuita la pressione dei mercati finanziari e all'avvicinarsi delle elezioni.

Il genere di comportamento che non può legittimare altro se non il cinismo dell'elettorato, che viene spinto verso movimenti e forze nuove, non compromesse con i voltafaccia del passato e pronte a contestare l'intero sistema.

Se è la politica «molle» ad alimentare la demagonia, allora ben venga una politica «dura» ma efficace.

L'Italia è uscita dalla crisi più grave della sua storia recente e lo ha fatto senza cedere la propria sovranità, senza derogare alla Costituzione, perfino senza elezioni anticipate (che con ogni probabilità avrebbero portato dritto al default), con un grande sforzo collettivo. Nello stesso modo in cui aveva sconfitto un'altra emergenza cronica che poteva mettere a rischio la stessa democrazia, cioè il terrorismo tra gli anni Settanta e Ottanta.

Anche allora, la violenza era finita senza sospendere i diritti costituzionali e senza le pene estreme che molti invocavano, ma grazie a forme di unità nazionale e a scelte coraggiose di leader che hanno anteposto l'interesse nazionale alla propria carriera e, talvolta, perfino alla propria vita.

Nella storia di un Paese ci sono momenti in cui la competizione tra le forze politiche, essenziale per la democrazia, deve sapersi autolimitare dando vita a un impegno unitario per salvare il Paese da gravi minacce.

Dopo la Seconda guerra mondiale la politica italiana ha trovato la forza per unirsi, con un soprassalto di responsabilità, di fronte a tre grandi emergenze.

In tutti e tre i casi, la politica ha avuto ragione dell'emergenza. Tra il 1945 e il 1947, il governo Parri e i primi tre governi De Gasperi iniziarono a risollevare il Paese facendo leva sulla coesione tra i protagonisti della Liberazione, pur nettamente divisi sui temi economico-sociali e sulla collocazione internazionale dell'Italia.

Nel 1976, Aldo Moro ed Enrico Berlinguer decisero di combattere il terrorismo unendo le forze politiche nel governo Andreotti 3 (governo di solidarietà nazionale). L'avvicinamento tra Dc e Pci in funzione antiterroristica sfociò in un vero e proprio governo di unità nazionale nel marzo 1978 (Andreotti 4), che però venne travolto dal rapimento di Aldo Moro nel giorno stesso del dibattito sulla fiducia.

Il travagliato percorso di quegli anni verso la coesione fu comunque un fattore determinante per la sconfitta del terrorismo.

Nel 2011, dopo la Grecia, i mercati finanziari avevano identificato l'Italia come preda successiva degli attacchi speculativi sia per l'elevato debito pubblico, sia per la constatata incapacità della maggioranza di adottare i provvedimenti sui quali il governo (Berlusconi 4) si era impegnato con la Bce per ottenerne il sostegno ai titoli italiani.

Di giorno in giorno i mercati assegnavano una probabilità crescente al default della Repubblica italiana, che avrebbe messo a rischio la stessa sopravvivenza dell'euro. Venuta meno la sua maggioranza, Berlusconi si dimise.

Ma, invece di trincerarsi con sdegno all'opposizione, accolse l'invito del presidente Napolitano a sostenere con il PdL un governo di unità nazionale insieme con l'avversario di sempre, il Pd di Bersani, il Terzo polo di

Casini, Fini e Rutelli, e la quasi totalità delle forze in Parlamento.

Dopoguerra, terrorismo, crisi finanziaria. L'Italia ha superato queste tre gravi emergenze senza ricorrere a sospensioni della Costituzione o a misure straordinarie. Le ha superate perché la coscienza del Paese e alcuni leader politici hanno saputo far prevalere l'interesse nazionale (quello serio e drammaticamente reale, non quelli strumentali che si sprecano nei tweet).

Anche la pandemia, nella seconda fase, quella della campagna vaccinale dopo la fase acuta dell'emergenza, è stata gestita con forme di unità nazionale, grazie al governo Draghi. E sempre all'interno dei poteri e dei limiti previsti dalla Costituzione.

Oggi si torna – per l'ennesima volta – a suggerire che per migliorare la qualità del processo decisionale e per consentire ai governi di rispondere alle attese – sempre deluse – dei cittadini servano stravolgimenti istituzionali, forme tanto creative quanto confuse di redistribuzione dei ruoli e delle competenze tra istituzioni.

Niente, nella storia recente del Paese e nella mia esperienza in Italia o in Europa, mi porta a pensare che siano le formule istituzionali a stabilire la qualità del governo. È in realtà qualcosa di meno codificabile, ma immediatamente percepibile, che potremmo chiamare la «serietà» nel fare politica.

La demagonia non è però un problema soltanto italiano, ovviamente. Anche a livello europeo si può individuare qualche spunto di ottimismo o qualche antidoto possibile?

L'Unione nella quale ho avuto incarichi di responsabilità non aveva ancora come priorità quelle che si stanno affermando in questa fase, cioè la sicurezza in un contesto geopolitico molto più instabile e ostile che in passato e la reazione alla crisi climatica.

Ma queste sfide più recenti si saldano su un progetto politico e valoriale che già ha, nelle sue fondamenta, le risorse per dare risposte, e per invertire le spinte nichiliste tipiche della stagione della demagonia.

Un po' in tutti i Paesi occidentali, si è diffusa l'aspettativa nei popoli che la felicità e il benessere dipendano dal pagare meno tasse per consumare di più.

Eppure, mai come in questo momento storico il benessere degli individui dipende in ultima analisi da beni pubblici che il mercato non può produrre in modo spontaneo e che richiedono un intervento pubblico.

Nessun taglio delle tasse può garantire la sicurezza che tutti pretendono, rispetto alle nuove minacce esterne di attori aggressivi, o di fronte alla prospettiva di un futuro incerto nel quale l'aumento delle temperature mette a rischio addirittura la prospettiva della specie umana.

Anche le richieste più contingenti, per esempio quella di maggiore sicurezza nelle strade, di una gestione razionale dell'immigrazione, di avere forniture energetiche affidabili e sostenibili, implicano una forte azione politica, non tanto a livello nazionale quanto regionale o globale.

Non basta più proteggere il mercato comunitario e favorire l'integrazione economica tra Paesi europei. Oggi c'è una nuova domanda di sicurezza, che può essere soddisfatta soltanto con una maggiore e più convinta integrazione.

Anche quando i temi al centro del dibattito sull'integrazione europea erano di natura più economica – penso alla fase di costruzione prima del mercato e poi della moneta unica – una delle connotazioni essenziali del modello europeo era l'importanza assegnata a valori che noi vorremmo universali.

E questo spiega perché, contro ogni logica di interesse economico di breve periodo, l'Unione europea ha portato avanti l'impegno a difesa dell'ambiente – quando ancora non si parlava di crisi climatica – in piena solitudine, quando gli Stati Uniti si opponevano agli accordi globali sul clima, e la Cina non era ancora sensibile alla questione.

Qualcuno dice che ci sono soltanto due Paesi al mondo che ritengono i propri valori universali: gli Stati Uniti e la Francia.

L'universalità dei propri valori può anche portare a esiti nefasti, come la scelta di invadere – con motivazioni labili – l'Afghanistan o l'Iraq con la pretesa di esportare la «nostra» democrazia.

Ma c'è anche un universalismo diverso dell'esportazione dei valori – che dipende più da Venere che da Marte, per citare la celebre distinzione di Robert Kagan – e che è l'universalismo europeo, basato non sulle armi ma su civiltà, cultura, arte, rispetto per l'ambiente.

La legislazione europea è stata la leva per introdurre in molti Paesi – Italia inclusa – norme che dessero sostanza a quei valori: dalle misure per l'ambiente a quelle per la parità di genere, all'attenzione per le generazioni future che è alla base del tentativo di disciplinare i bilanci pubblici, per evitare di lasciare in eredità soltanto debiti e bassa crescita, ma anche del programma Erasmus, che dal 1987, attraverso la mobilità studentesca, ha fatto crescere generazioni di cittadini nativamente europei.

L'universalismo dei valori europei porta necessariamente a un impegno convinto sulla crisi climatica, e anche a un impegno sulla scena internazionale che metta al centro i diritti degli individui più che i calcoli sui rapporti di potere o le ambizioni egemoniche.

Ogni cedimento sui valori, dunque, non è pragmatismo necessario – come talvolta viene presentato – ma una negazione dell'identità stessa dell'Europa.

Rassegnarsi alla crisi climatica o a un ordine mondiale determinato dai dittatori significa rinunciare a quei valori che sono parte costituente della nostra identità di europei, ma anche del nostro benessere.

La presidente della Commissione europea Ursula von der Leyen, che è riuscita in questi anni estremamente difficili a sollevare le sorti dell'Ue, avrebbe fatto meglio a rimanere salda e inamovibile a difesa dei valori europei che le sono stati affidati in custodia, piuttosto che piegarsi a compromessi pre-elettorali nel tentativo di assicurarsi un secondo mandato.

Il problema è che la politica pare intrappolata in un circolo vizioso: nel tentativo di compiacere gli elettori continua a promettere cose tra loro inconciliabili, cioè meno tasse, una spesa pubblica, anche in disavanzo, virtualmente illimitata per soddisfare le esigenze di tutti, ma anche sicurezza e sostenibilità, che però richiederebbero proprio la piena disponibilità di quelle risorse dissipate nei mille rivoli dei favori elettorali.

Nella stagione della demagonia, invece, di risorse pubbliche ne servono, e tante, a livello nazionale e soprattutto a livello europeo. Per produrre i beni pubblici di cui c'è un disperato bisogno. Dunque serve gettito fiscale e serve equità nel raccoglierlo: niente condoni o sconti a livello di singoli Paesi, niente competizione fiscale scorretta a livello europeo, e un bilancio comunitario all'altezza delle sfide.

Il bilancio pubblico che dovrebbe essere la nostra più potente risorsa contro la demagonia, sembra invece essere diventato la sentina maleodorante nella quale i pifferai della politica si aggirano per costruirsi il loro seguito, come nella fiaba tedesca.

I cittadini europei, alla pari dei bambini ipnotizzati dal pifferaio di Hamelin, che ho voluto mettere in copertina su questo libro, rischiano di finire in una trappola senza uscita, affabulati da promesse insostenibili e privati delle risorse che sarebbero necessarie alla loro sicurezza e prosperità.

Proprio in quanto europei – e dunque alfieri di valori universali, dei quali tutto il mondo può beneficiare – abbiamo il dovere di svegliarci, abbandonare i pifferai al loro destino e riprendere il controllo delle nostre democrazie, per salvarle dalla demagonia.

2. Un rischio per l'Europa. Il Consiglio europeo

Il Consiglio europeo, nella concezione originaria di Valéry Giscard d'Estaing e Helmut Schmidt, doveva completare la struttura istituzionale delle Comunità europee (in seguito Unione europea) con un organo, composto dai Capi di Stato o di governo che desse impulso strategico alle altre istituzioni.

Obiettivo importante, in parte conseguito nel corso del tempo. A partire dalla crisi finanziaria dell'Eurozona, che per venire superata ha richiesto anche l'impegno di grosse somme da parte degli Stati membri in mancanza di un adeguato bilancio comunitario, la struttura di potere si è squilibrata, con un ruolo sempre maggiore per il Consiglio europeo, a scapito soprattutto della Commissione.

I mutamenti di potere tra istituzioni non interessano ai cittadini. Ma possono avere grandi implicazioni sul «prodotto», cioè sulla qualità e l'orientamento delle decisioni che la Ue prende, attraverso le sue istituzioni.

La Commissione, come è stabilito dai Trattati, deve operare, e spesso ma non sempre opera, nell'interesse generale dell'Unione. Per il Consiglio europeo, vi è molta ambiguità. I suoi membri sono i capi di governo degli Stati membri. Su base part-time, svolgono un'attività complementare alla loro attività principale, quella di governare il loro Paese, ovviamente nell'interesse nazionale. Quando si riuniscono al Consiglio europeo, non cambiano la loro natura, ma si occupano collegialmente di prendere grandi decisioni sull'Europa. Ma nell'interesse di chi? Le proposte, di solito formulate dalla Commissione, puntano all'interesse comune, ma inevitabilmente ogni capo di governo penserà, si spera, agli effetti di quella proposta sull'insieme dell'Unione, ma anche e spesso soprattutto al proprio interesse nazionale (formula benigna, che spesso in realtà copre l'interesse magari del proprio partito o della coalizione di governo).

Con il moltiplicarsi delle occasioni in cui il Consiglio europeo si riunisce, il modo e lo spirito in cui l'intera Ue opera riflette sempre più la logica intergovernativa, sempre meno quella comunitaria. Sì, perché una volta che il Consiglio europeo, in cima alla struttura delle istituzioni, si muove (o, spesso, non si muove) in ottica intergovernativa, il cattivo esempio scende per i rami e rende più intergovernativa – e sensibile ai desiderata di tale o talatro Stato membro, anche la Commissione, che perde in termini di proprio status (e in autorevolezza come «guardiano» sul rispetto delle norme).

Va ricordato che un colpo alla logica comunitaria tradizionalmente seguita, in particolare dalla Commissione, venne inflitto da Angela Merkel – in altre occasioni sostenitrice decisiva di una visione comunitaria – in un celebre discorso tenuto a Bruges nel 2010, nel quale coniò l'espressione «metodo dell'Unione», che dava dignità a un metodo di governo che apriva la strada alla frammentazione degli interessi.

Non è questo il luogo per un'analisi dettagliata, ma voglio sottolineare una mia viva preoccupazione, anche per aver partecipato al Consiglio europeo durante il perodo del mio governo. Le sfide geopolitiche che l'Europa ha di fronte a sé (sicurezza, difesa, cambiamento climatico, migrazioni, ecc.) richiederanno sempre più una visione unitaria e la capacità di mettere in secondo piano gli interessi nazionali. Ma se l'organo decisionale massimo ha una distorsione intrinseca che dà più peso a ciò che divide rispetto a ciò che unisce, si ha un problema veramente serio. Si proclamerà la necessità di più integrazione, ma si andrà verso una minore integrazione.

Inoltre, con la giustapposizione di esigenze politiche nazionali, spesso dominate dal breve periodo, il vizio delle politiche basate sulle illusioni – rispetto alle quali abbiamo messo in guardia in questo libro – tende a permeare anche le strategie politiche europee, che in passato erano portatrici di esigenze di più lungo periodo e nell'interesse delle generazioni future.

Un esempio di questo grave rischio si è avuto nel dicembre 2023, su un tema di capitale importanza, per l'Ue e per i Paesi che aspirano a entrarvi. Di fronte all'«imperativo politico» di offrire una prospettiva di adesione veloce all'Ucraina e ad altri Paesi – tutte esigenze fondate e comprensibili – ci si è limitati ad affermare che un tale passo esigerà in tempi molto brevi una serie di riforme istituzionali nella Ue e in particolare nelle sue regole per le decisioni (superamento del potere di veto, ecc.), che ci si è ben guardati dal mettere concretamente a fuoco con un preciso percorso e calendario. Ciò comporta seri rischi, come risulta da una lucida analisi di Sylvie Goulard (*L'Europe enfla si bien qu'elle creva*, Tallandier, 2024).

3. *Un rischio per l'Italia: il premierato*

È legittimo chiedersi in che modo in un Paese si possa migliorare la governabilità. In questo libro ho sostenuto che in Italia si ha spesso la tendenza ad attribuire alla Costituzione o alle leggi elettorali le carenze nell'efficacia e nella stabilità dei governi, che in realtà dipendono soprattutto dai modi in cui si governa. In particolare, dare la priorità all'interesse generale o all'interesse proprio, rivolgersi al Paese con realismo o alimentando illusioni, insomma la serietà o meno nel governare sono più importanti delle forme istituzionali.

Da tempo ha luogo in Italia un ricorrente dibattito sulla Repubblica presidenziale. Esso si è sviluppato sul piano ideologico e con scarsa attenzione alle *performance* comparate dei vari sistemi. Abbiamo subito tutti il fascino delle due più illustri Repubbliche presidenziali, gli Stati Uniti d'America e la Francia. Ma non si può non constatare che proprio la stagione della demagonia, che colpisce dappertutto, sta creando le maggiori spaccature nella società e nella politica proprio in quei sistemi, democratici ma a forte comando centrale, che eravamo abituati ad ammirare a Washington e a Parigi.

Per non dire delle apprensioni che sta creando in tutto il mondo la prospettiva di un secondo scontro elettorale tra Joe Biden e Donald Trump, è sufficiente osservare la grande difficoltà e lentezza con la quale il presidente Macron, leader tra i più capaci, è riuscito a realizzare una pur modesta riforma delle pensioni. Egli ha impiegato i cinque anni del primo mandato e il primo anno del secondo per spiegare, proporre, scontrarsi, ritirarsi per poi avanzare, ma di poco. Il risultato è stato una riforma delle pensioni meno ambiziosa della nostra riforma del dicembre 2011, varata in due settimane.

In precedenti capitoli si è ricordato in quale contesto di sfiducia dei cittadini verso la politica e di crisi finanziaria acuta venne chiesto a noi, nuovi alla politica, di intervenire con urgenza.

In Francia, il presidente ha grande forza in teoria, ma ben difficilmente può mettere in campo l'unità nazionale, come noi nella nostra modesta e imperfetta Repubblica parlamentare potemmo fare, su impulso del presidente Napolitano, con il più ampio voto di fiducia che il Parlamento abbia mai espresso e con le parti sociali dimostratesi molto responsabili.

Inoltre, da noi la riforma delle pensioni non sarebbe bastata: per agire con equità e per ricostruire la fiducia dei mercati verso l'Italia, varammo – sempre in quelle due settimane – un ampio pacchetto con varie altre riforme, che gravassero in modo equilibrato sulle diverse parti politiche e sociali. Dovendo noi scontentare un po' tutti, lo scontento riguardante le pensioni non ebbe altrettanto spazio nelle prime pagine. Macron invece ha dovuto concentrarsi «solo» sulle pensioni. Ha avuto la fortuna di creare meno infelicità complessiva di noi, ma più concentrata su una sola parte. Infine, Macron non ha avuto l'«aiuto», il terribile aiuto, di una crisi finanziaria che stava per portarci al *default*.

Sono convinto che, con il presidente della Repubblica eletto direttamente dal popolo e al tempo stesso capo dell'esecutivo, l'Italia diventerebbe un Paese più conflittuale e meno governabile.

Più conflittuale, perché toglierebbe di scena l'unica figura, il presidente della Repubblica eletto dal Parlamento a larga maggioranza, che a prescindere dal suo passato viene rispettato e riconosciuto da tutte le parti politiche ed esercita un ruolo di moderazione.

Meno governabile, perché una piena contrapposizione tra maggioranza e opposizioni, come si osserva spesso negli Stati Uniti e in Francia, rende quasi impossibile trovare quel consenso su misure necessarie e urgenti in situazioni di emergenza, che in Repubbliche parlamentari come la Germania o l'Italia è stato più volte possibile ricorrendo a governi di grande coalizione o di unità nazionale.

Semmai si prenda in considerazione un rafforzamento dei poteri del presidente del Consiglio. Anzitutto, il presidente del Consiglio già oggi ha il diritto-dovere di «dirigere la politica generale del governo», anche perché «ne è responsabile» (art. 95 della Costituzione). Sarebbe inoltre opportuno rendere più agevole la rimozione di singoli ministri da parte del premier; prevedere il voto di sfiducia costruttiva come ad esempio in Germania, Belgio e Spagna.

Sono però preoccupato dalla specifica proposta di revisione costituzionale nel senso del premierato, recentemente presentata dal governo Meloni. Lo sono, pur astraendo da due possibili timori, sui quali si sono basate molte delle critiche alla proposta governativa.

Il primo timore è che il premierato, per la forte concentrazione dei poteri in capo al *premier* – nonché, aggiungono alcuni, per l'ascendenza storica alla quale è riconducibile Fratelli d'Italia, il partito più forte dell'attuale maggioranza e che esprime la presidente del Consiglio Meloni – possa portare a un governo autocratico, ledendo gli spazi della democrazia. È un rischio che non si può escludere a priori, ma spero che l'Italia, in un tale non creduto caso, si dimostrerebbe un Paese capace di reagire con forza a una tale evenienza.

Il secondo timore, molto diffuso, è che il premierato eroderebbe i poteri del Capo dello Stato. Questa a mio parere sarebbe una conseguenza inevitabile della riforma, ancorché si possa dire che formalmente nessuna sua disposizione toccherebbe alcuna delle attuali prerogative del presidente della Repubblica. E questo può dispiacere a chi sia convinto, come me, che i presidenti della Repubblica e in particolare gli ultimi – Carlo Azeglio Ciampi, Giorgio Napolitano e Sergio Mattarella – si siano dimostrati statisti di grande levatura, apprezzati e amati nel Paese, spesso invidiatici da altri.

Dal punto di vista logico, però, non mi sembra corretto esprimere un giudizio negativo su una riforma della Costituzione perché essa avrebbe il sapore di uno sgarbo al Capo dello Stato in carica. Ho votato due volte per Sergio Mattarella e sono un suo devoto ammiratore per il modo esemplare, sempre discreto, ma molto incisivo in cui tutela e indirizza la nostra Repubblica e ne salvaguarda l'ancoraggio europeo. Ma credo che, da costituzionalista, il presidente sarebbe il primo a rifiutare che il rispetto per il presidente di una Repubblica debba limitare a priori il potenziale innovativo di chi lavora per una nuova Repubblica.

No, io sono contrario alla proposta di premierato oggi sul tavolo a prescindere da questi schermi di cortesia istituzionale intertemporale. Io sono contrario per un motivo più fondamentale: a mio parere, la riforma ridurrebbe la governabilità dell'Italia, anziché accrescerla. Fallirebbe proprio nel suo obiettivo centrale.

Renderebbe praticamente impossibili i governi di unità nazionale. Ci sarà pure una ragione se il Parlamento, non sondaggi d'opinione o la stampa dei «poteri forti», hanno approvato con le più elevate percentuali di fiducia le nascite di tre governi di unità nazionale, presieduti dal sottoscritto (87,8 per cento come media tra Camera e Senato) per fronteggiare la crisi finanziaria del 2011, da Mario Draghi (83,3 per cento per debellare il Covid e programmare l'impiego dei fondi europei nel 2021 e Giulio Andreotti (84,7 per cento dopo il rapimento di Aldo Moro nel 1978 (fonte: Pagella Politica). Tre gravi crisi, un eminente politico e due non politici chiamati a guidare il Paese con larghissime coalizioni. Che cosa avrebbe fatto, in quei momenti, un premier eletto da una maggioranza di parte e quindi legittimato a governare, con la parte sconfitta alle elezioni votata a fare opposizione? Con un presidente della Repubblica che non potrebbe neppure esortare a fare uno sforzo di unita? E con un premier che magari, essendo venuto meno il premier vittorioso alle elezioni, è entrato in carica sotto il vincolo di rispettare il programma di governo presentato alla elezione dal premier venuto meno, programma forse di due o tre anni prima, di valore ormai archeologico? Ma si può proporre una tale Costituzione in una fase storica che potrebbe vedere l'Europa, l'Italia in guerra tra qualche mese?

Sì, direbbe il governo, perché la cosa più importante in una democrazia non è fare il bene del Paese, adeguando la politica a nuove emergenze o grandi trasformazioni, ma è tutelare forse l'ultima corporazione non protetta nel nostro Paese, quella dei parlamentari. Non protetta? Sì, è vero, piuttosto ben protetta, ma non ancora completamente, perché non ha l'esclusiva a esercitare l'attività di governo. Con la riforma sul tappeto, l'avrà.

Nella Costituzione di Giorgia Meloni, dopo un percorso di 2400 anni, si giungerebbe alla perfetta antitesi di quel che Platone ci insegna nella sua *Costituzione* (o *Repubblica*, come comunemente si dice con una traduzione meno corretta). Nel mito della caverna, Platone spiega che i «filosofi», liberati dalla prigionia che fa vedere solo le ombre degli oggetti reali e ai quali pertanto si dischiude la verità, hanno il dovere morale, pur non volendolo, di esercitare il governo della città.

Secondo la presidente Meloni, invece, la verità è appannaggio esclusivo di chi esce non dalla caverna, ma dall'urna (elettorale). I «filosofi», che non sono eletti, non solo non hanno l'obbligo di governare la città, ma ne hanno il divieto. Sono due concezioni parimenti rispettabili. Ma forse ugualmente estreme.

Tuttavia, se si vuole che la democrazia non venga sopraffatta dalla demagonia, occorre che il crisma dell'elezione non dia agli eletti due presunzioni: che il voto dispensi dalla necessità di avere conoscenze e capacità adeguate; che per ottenere il voto sia consentito porre il proprio interesse al di sopra dell'interesse generale.

Due presunzioni molto comuni tra i politici. E, peggio ancora, che noi cittadini ci rassegniamo a considerare normali. Così le democrazie entrano in agonia.

Ringraziamenti

Più volte nel corso degli anni sono stato sollecitato a scrivere un libro sulle mie esperienze di governo in Europa e in Italia, ma avevo sempre declinato. Se invece questo libro vede la luce, non è solo perché ora sento in me più forte che mai l'apprensione per le nostre democrazie, ma anche per la capacità persuasiva che due persone hanno dimostrato nei miei confronti.

Maurizio Ferrera, con l'autorevolezza dello studioso di Scienza Politica e il garbo dell'amico, mi ha gradualmente convinto che, per chi abbia svolto funzioni pubbliche, rendere disponibili le proprie riflessioni e il proprio archivio non è un atto d'orgoglio ma un dovere.

Urbano Cairo, al quale una volta ho detto di questo progetto durante un pranzo a Milano, non ha trattenuto il suo entusiasmo comunicativo e di editore. Al momento del caffè, eravamo già in via Solferino! Con queste due benedizioni complementari, era nata la *domanda*. Ma l'*offerta* del mio manoscritto, di cui neanche una pagina ancora esisteva, ci sarebbe mai stata davvero? E quando? Il mio non è uno scrivere facile né, tanto meno, veloce. L'hanno appreso generazioni di direttori del «Corriere della Sera» che hanno a volte dovuto ritardare, bontà loro, la chiusura del giornale perché i miei editoriali non arrivavano.

Ma anche dal lato dell'offerta, sono stato fortunato. Carlo Alberto Brioschi, editor Solferino, è munito di una pazienza incalzante, con la quale porterebbe al risultato anche l'autore più neghittoso (e non è detto che non sia io...). Sono grato anche a Luna Orlando, caporedattrice, e a Beatrice Minzioni, capo ufficio stampa.

Grazie alla disponibilità di Stefano Feltri, capace di velocizzare tantissimo il percorso delle parole dalla mia mente alla tastiera, spesso rendendole perfino comprensibili, produrre il manoscritto non è stato un ostacolo insormontabile.

Non lo è stato anche perché, applicando pure in questo caso il lavoro di squadra (non oso chiamarlo *metodo*, perché a volte è un po' disordinato, come del resto i miei uffici a Milano, Bruxelles e Roma dove quel modo di lavorare si è via via affinato), ho molto beneficiato, nello scrivere questo libro, dei suggerimenti, contributi, critiche, verifiche di persone con le quali nei decenni si è stabilità una proficua tradizione di riflessione e lavoro in comune. In ordine di «entrata» nella mia vita: Elisabetta Olivi, Sylvie Goulard, Silvia Colombo, Federico Toniato, Valentina Bellini, Stefano Grassini.

A ogni persona sopra menzionata va il mio ringraziamento profondo, mentre è solo mia la responsabilità di ciò che è scritto nel libro, così come di ogni mia azione o omissione nello svolgimento delle funzioni in esso riportate.

Indice

GRAFICA VENETA
CARBON NEUTRAL

Questo libro è stampato fabbricato da Grafica Veneta S.p.A.
con un processo di stampa e rilegatura certificato 100% carbon neutral
in accordo con PAS 2060 BSI

Finito di stampare nel mese di aprile 2024
per conto di RCS MediaGroup S.p.A.
da Grafica Veneta S.p.A., Via Malcanton 2, Trebaseleghe (PD)
Printed in Italy